歴史をさわがせた女たち

日本篇

永 井 路 子

朝日文庫

本書は二〇〇三年六月、文春文庫より刊行されたものです。

はじめに

ここにあげた三十三人の女性のほとんどは、日本史上よく知られた人たちばかりです。が、この本をお読みになった方は、それらの女性に対する評価が、これまでと余りちがうので、不審な思いをされるかもしれません。

たとえば、史上指折りの悪女が、かわいそうな女性になっていたり、貞女《ていじょ》が格下げになっていたり、美人が不美人になっていたり……。

けれども、これは、思いつきでわざと歴史をひっくりかえしておもしろがっているのではありません。私はこれまで、ほとんど歴史小説ばかり書いて来ましたし、もともと調べることはすきなので、これを書くにあたって、できるかぎり史料に忠実であることを心がけました。その結果、どうしてもこうなる、ということだけを書いたつもりなのですが、それがかえって従来の通説とはちがった結論をうみだしてしまったのです。

こうしたちがいが出て来たのは、ひとつには、従来の通説の裏づけになっていたもののなかに、あまり史料的な価値のない偽書がかなりまじっていたこともありますが、さらには、ものさしのあて方のちがいもあると思います。

じつは、このものさしのあて方というのも、時代によってさまざまで、げんに、ここにとりあげた女性でも、時代によって、悪女、善人、また悪女……というふうに、二転、三転している場合が多いのです。そして、いろいろ調べてゆくうち、その人物に対する定説と思われていたことも、その多くが、江戸時代的なものさしのあて方をしたものだ、ということに気がつきました。たとえば、それまではよい人間だと思われていたのが、江戸時代の封建的ものさしで計った結果、悪い人間になってしまった、というような例も、かなりあるのです。

が、明治維新以来百余年、世の中のしくみも、ものの考え方もすべて変化した現代、私たちが江戸時代のものさしをありがたがる必要はさらさらありません。現代は現代なりの見方があっていいはずです。そして、歴史の中に生きた女性をふりかえることによって、現代という、ひとつの「歴史」を生きる私たち女性の立場を、もう一度考えなおしてみようではありませんか。

一九七五年九月

永井路子

目次

強きもの——それは人妻

女が歴史を揺さぶるとき

歴史をさわがせた女たち

日本篇

愛憎にもだえた女たち

和泉式部――王朝のプレイガール

フリーター、フリーセックス、フーテン、同棲時代……ほんとにいまの若いものは、と眉をひそめるオトナたち。それをしりめに、

「古くさいオトナにはわからないさ」

と若い世代はうそぶく。

が、たいへん新しいはずのそのフリーセックス、じつは日本ではとうの昔に実験ずみなのだ。古代の歴史を虫眼鏡でじっくりのぞくと、すべてそれであるかのようにも見えるが、中でも何やらそれが優雅な装いに包まれているのは、王朝はなやかなりし平安時代のフリーセックスの女王、女流歌人和泉式部《いずみしきぶ》がいるからである。

彼女の父は大江雅致《まさむね》、冷泉《れいぜい》上皇の后《きさき》、昌子内親王《しょうしないしんのう》につかえる役人。母もこの昌子の乳母《めのと》だから、いわば職場結婚の、まあ中流官吏の家庭だった。

「まあ、いい家の娘が、あられもない——」

世の中ではいつもそう言うが、むしろこの階級がいつの世にもくせものなのだ。しかも彼女の両親の職場だった昌子内親王の後宮《こうきゅう》——こうした高貴な女性のサロンこそ、くせもの中のくせもの、しじゅう愛欲と不倫が渦まいていた。その後宮をわが家のようにして生《お》いそだった式部が、いつのまにか早熟な恋の妖精になっていたのも無理からぬことではないか。

それに——。現在とそのころでは結婚の形態がかなりちがう。一夫多妻はあたりまえで、男はこれぞと思った女のところへ、あちこちと通っていく。なかでいちばん家柄もよし、財産もあり、みめかたち、心ばえすぐれた女が正妻となって、やがて男はその女の家でくらすか、あるいは一家をかまえるかするのだが、かといって、これまで通っていた女とぷっつり切れるわけではない。彼女たちは、後世の「二号」のような日かげものではなく依然として正妻に準ずる本妻としての権利をもっているのである。だから正妻たるものも「結婚しちゃえばもう安心」とばかりにデンと構えるわけにも行かないし、他の女たちも捨てられまいと腕によりをかける。そのためには女たちは今よりずっと「恋じょうず」である必要はあったらしい。

捨てたり捨てられたり、なかなか気の休まらない生活だが、そのかわり、捨てられたからといって、明日の生活にも困るというわけではない。当時の女は家つきで家屋敷などは全部女の子が相続する。男の方はそこへポッとやって来て、食事はもちろん、着るもの一切の面倒をみてもらうのが実情だった。当時の男たちが、腕によりをかけて恋文を送ったりしたのは、よりよい永久就職口をみつけるための涙ぐましき努力でもあったのだ。

その限りでは、夫の方がむしろ扶養家族（?）なのだが、今の婿養子とちがうところは、彼の官職は舅《しゅうと》のお蔭を蒙《こうむ》らず、実家の父親の七光のお世話になる。当時は家柄社会だから関白《かんぱく》の長男ならこのくらい、次男ならこのくらい、大納言《だいなごん》の子ならこのくらい、とほぼ出世の限界がきまっていた。

だから、女の方としてみれば、なるべく出世の見込みのありそうな、いい家の息子を婿に迎えようと腕によりをかける。亭主どのが出世すれば、わが家も御安泰になることは、今も昔も変りがない。かといって夫に全生活をオンブしているわけではないから、その男と切れても、あわてふためくには及ばない。おもむろに、お次に現われてくるのを待てばいいのである。こんなとき、男の方も、

――何だ、あいつはセコハンじゃないか。

などとは言わない。ちなみに、日本の女の中に貞操観念が定着し、その見返りとし

て、処女性が尊ばれるようになったのは、ずっと後のことである。だから、婚前交際、試用期間はあるのがあたりまえで、その間には、何人もの男が出入りするというお盛んな例はよくあった。

和泉式部も少女時代から、こうしたプレイガールのひとりだった。いつ彼女が初めて恋におちたか、男の肌を知ったかはあきらかではないが、今残っている歌をみると、交渉のあった相手はかなりの数になるらしい。

さてそのうち、彼女の前にマジメな相手があらわれる。和泉守道貞《いずみのかみみちさだ》。年が多いのが玉にキズだが、県知事クラスのオジサマだ。しかもそのころの国の守はみいりの点では東京都知事など及びもつかない高額所得者である。やがて彼女はみごもったが、それと知ると、口さがない人々は黙ってはいなかった。

「あんた、それ、だれの子なの？　大分お盛んだったけれど」

すると彼女はすまして答えた。

此の世にはいかが定めんおのづから昔をとはむ人にとへかし——そんなこと、だれがわかるもんですか。知る人ぞ知るよ！

アッパレな答えではあったが、結局道貞との結婚は長つづきしなかった。

しかし、これは、あながち彼女だけの責任ではなかったようである。金持ちオジサマの道貞も、なかなか打算的な男だったからだ。

彼は式部と結婚したとき、わが家を舅の大江雅致に提供している。先に言ったように、男が女の所へ通って来てそこへ住みつくのがあたりまえのことだった当時としては、これは破格のサービスである。

道貞がかかるサービスをやってのけたのは、式部の魅力のとりこになったからかというと、そうではない。実は舅にとりいって、昌子内親王のサロンにくいこみ、一段の出世をしようというコンタンだったのだ。

国の守というのは、なかなかみいりのいい役どころだが、これはあくまでも地方官である。中央でいい役につかなければ、最終的な出世は望めない。だから何かの手づるをつかもうと、このクラスの人間は必死になる。そうした男にとって、皇后サマのサロンなどは絶好である。ここで忠勤を励めば、やがて皇后サマのお声がかりで、いい地位にありつけようというものである。もっとも、冷泉上皇は、生まれつき脳に障害があったと伝えられ、その皇后である昌子のサロンは、それほど時めいていたわけでもなかったが、しかし、利用価値は皆無ではない。この道貞の狙いはどうやらまちがってはいなかったらしい。というのは、昌子内親王が病気になると、この家は雅致の家という名目で、その静養所に利用され、それと前後して、道貞も舅の下役としてとりたてられたからである。まさしく事は思いどおりに運んだのだ。

ところが、まもなく思わぬつまずきがおこった。昌子内親王がなくなってしまったのだ。サロンは自然解消、とたんに道貞は冷たくなり、一家に出てゆけよがしをしたらしい。家つきカーつき（おそらく馬もたくさんあったろうから）の結婚は、ここで破れるが、はでなけんかもした。

「いいわよ、絶対にあなたのことなんか思い出さないから！」

という彼女の猛烈な歌も残っている。道貞は別の女をつれて、さっさと任地の和泉に下ってしまったらしい。

もっとも、そのころ式部には、すでに親しい恋人もいたのだという説もある。冷泉上皇の皇子で、美貌をうたわれた、当代きってのプレイボーイ、為尊《ためたか》親王がそのひとだ。為尊は昌子の子ではないが、ときおりおそらくごきげん伺いに来ることもあったようだから、そこで彼女を見初《みそ》めたのではないだろうか。

親王と中級官吏の娘の火遊び――マスコミのない時代にも、これには沸《わ》いた。こんなとき、えてして上流階級の人間は図にのるもので、おっちょこちょいの為尊は、人の噂にへきえきするどころか、ますますいい気になったらしい。賀茂《かも》の祭の日、二人がいっしょの車に乗り、わざと思わせぶりに式部の乗っている方の簾《すだれ》を下げて、衣装だけをチラと覗かせ、都に話題をまきちらしたりしている。おそらく彼女が真の愛欲にめざめたのは、この遊蕩プリンスの濃厚な愛撫の味を知ったからではなかったか。

ところが、こんども——。突然の終止符がやってくる。親王が急死したのだ。そのころ悪性の流行病が広がっていたので、まわりはしきりに夜遊びを止めさせようとしたのだが、為尊はいっこうに聞きいれず、式部やそのほかの女性のところを遊びあき、とうとう病気になってしまったのである。

突然中断された愛欲のなやましさ——それはやがて、彼女を次の恋へと誘ってゆく。相手は、為尊の弟、敦道《あつみち》親王。なき恋人ゆかりの人がなつかしく、式部のほうから歌を送ったのがきっかけになった。敦道も兄におとらぬプレイボーイだったが、なき為尊の喪《も》もあけぬうちにこの年下のプリンスをさそったのは、まぎれもなく、彼女である。

「あやしかりける身かな。こはいかなる事ぞ」

二人が結ばれたあと、彼女はこう言っている。自分で誘惑しておきながら、

「私って、どうしてこうなんだろう」

とは、いささか無責任ムードである。

親王にはすでに二人の妻があって、なかなか式部を訪れるのがむずかしいので、し

めしあわせて、親王の別荘にゆき、そこで逢いびきしたこともある。女が出かけてゆくというのは、当時としては、あるまじき行為だったが、彼女はあえてそれをした。

大胆になった二人は、次には、親王がよその家に泊まっているとき、車宿《くるまやどり》（車庫といってもかなり広い場所だが）でデイトする。式部が迎えの車に乗り、車宿に入ったところへ、そっと親王が出て来て車の中でしのびあい——。

もちろん、召使いたちは、車の中に人がいるとは気がつかず、まわりをウロチョロしている。そんな中で、衣ずれの音にも気をつかい、息をひそめて求めあうスリリングなひととき——「クルマの中」はフロオベルのボヴァリー夫人以来、現在のポルノ小説まで、よくお目にかかる場面だが、かれこれ千年前に、すでに式部は実験ずみであった。

やがて敦道は外でのしのびあいに満足できなくなり、式部を自分の家にひきいれる計画をたてる。それには、さすがに周囲から文句が出たようだが、

「いいじゃないか。身のまわりの世話をする侍女をひとりふやすようなものさ」

とうそぶいてうけつけない。式部のテクニックにとろかされて、彼女なしではいられなくなったプリンスの狂態言行録である。かくて式部は親王家に迎えられるのだが、これも異例中の異例であって、天下の耳目を聳《そばだ》てることになった。

和泉式部と敦道親王との灼熱《しゃくねつ》の恋も、しかし長つづきはしなかった。彼女の愛のほむらに焼きこころされるように、親王もまもなく世を去ってしまうからだ。この親王との恋のいきさつを書いたのが「和泉式部日記」である。

やがて彼女は、紫式部などといっしょに、ときの天皇一条帝の后、彰子《しょうし》に仕えるようになる。和泉式部という名は、実は宮仕えするようになってからの名前で、「和泉」とは、先夫道貞が和泉守だったことによる（彼女にかぎらず王朝の女性の名は、親族の職名や官名によるものが多く、本名はほとんどわからない）。こうなっても彼女のプレイマダムぶりはおさまらなかったらしく、「うかれ女《め》」などといわれていたようだ。

しかし、このプレイマダムも、年をとってくると、次第に「安定」にあこがれ始める。そこで目をつけたのが、丹後守《たんごのかみ》、藤原保昌《ふじわらのやすまさ》だ。彼女の第一の夫、道貞が和泉守だったことを思いだしていただきたい。国の守というのは親王や上流貴族にくらべれば、地位は低いが、経済的にはなかなかゆたかである。中流官吏の娘の落着く先としては、このあたりがいいところだとさとったのだろう。

もっともこの保昌との間も決して円満ではなかった。任地の丹後にいっしょに下ったものの、夫はまた都に行ってしまってなかなか帰らず、ヒステリーを起こしている歌もある。しまいにはどうやら別れてしまった様子だし、先夫道貞との間に生まれた娘の小式部にも先だたれてさびしい晩年だったらしい。

彼女については、深い仏教思想の持ち主だったから、現代のプレイガールたちとは雲泥の差があるという考え方もある。しかし、私はそうは思わない。むしろ、意外と現代の若い人たちとも共通性があるように思われる。たとえばこんな歌がある。


くらきよりくらき道にぞいりぬべきはるかにてらせ山の端の月

まさに愛欲におぼれた自己を反省し、仏に救いを求める歌だというのだが、じつはこの歌は彼女の第一回の結婚以前の作品だ。体験がにじみ出ているのではなくて、むしろ当時の常識的な、おざなりの仏教思想からの発想にすぎない。今でこそ仏教はカビがはえた古くさいものだと思われているが、当時としては仏教の説く不安感や「罪へのおののき」は流行の新思想だった。

きけばアメリカのヒッピー族の根底にも社会不安があり、アングラ映画にも高邁《こうまい》な芸術理論があるという。和泉式部の仏教思想も、案外この種の「新思想」ではなかったか。

ただひとつ、フーテン族との大きな違いは、これだけ好き勝手にやりながら、彼女はだれからも憎まれていないことだ。

例の紫式部という、したたかなオバサマまで、彼女にはコロリと参って、

「あのヒト、素行はちょっと感心しないけど歌は上手だわ」

などと日記に書きつけている。紫式部のような身もちの固い才女にさえも、そう悪く思われていないのはみごとなものだ。

これには秘訣がある――と私は思っている。これだけさんざんタノシンでおきながら、彼女はいつも「捨てられムード」を装っているのだ。紫式部オバサマまで唸らせた歌をとりあげてみると、それがよくわかる。自分はいつも頼りなくて、今にも捨てられそうだ、という歌ばかりなのだ。もっとも意地の悪い紫式部は、彼女の歌について、

――それほどガクはないけれど……。

と保留をつけてはいるが。しかしなまじガクがないからこそ、直感的で彼女の歌は私たち千年後の人間の魂をもゆすぶるのである。たとえば「百人一首」にある、

あらざらむこの世のほかの思ひ出にいまひとたびの逢ふこともがな

ならたいていの方が御存じであろう。その口調のよさ、もの悲しさ。これなら別に解釈をしてもらわなくてもよくわかる。もう一首――。

つれづれと空ぞ見らるる思ふ人天下り来むものならなくに

これも一度読んだらすぐ覚えられそうな歌だ。もっともその当時は、紫式部のいう

ように、ガクのある歌がほめそやされた。つまり昔の歌の言葉などをさりげなく使って、

——あたしって、こういう古歌を知ってますのよ、オホン！

という顔をするのが高等技術だとされていた。それから見れば、思ったままを歌にしたような和泉式部の歌は、「まだまだ」ということだったのだろう。しかし歌はガクではない。心にジンとしみてくることが第一ではないか。その証拠に、今読むと、ガクのある紫式部の歌はいっこうにおもしろくないのに、和泉のは、ずっと心に迫るのである。

それには、彼女の歌が捨てられムードであることが与《あずか》って大きい、と私は思う。たとえば、敦道親王とアツアツの最中でも、

「いつかは捨てられるのね、私って……」

とか、

「ひとりでは生きていられないわ」

というような悲しそうな歌ばかりが多いのだ。こんな歌をもらえば、男たるもの、一時も放っておけないゾと思うのはあたりまえではないか。しかし、多分、彼女は、男と会っているときは、ガラリと変って、享楽的な娼婦型の女となって、とことん二

人の生活を楽しんだに違いない、と私は思う。会ったときも歌と同じく、しめっぽく、陰気で、愚痴っぽくては、男の方が嫌になってしまう。きっとさんざん楽しんだあげく、別れた後では泣きの涙の歌を贈って、男をギョッとさせ、

――ああ、彼女って、こんな淋しがりやだったのか……。

とますますいとしさをつのらせる、というのが彼女のテクニックではなかったか。

紫式部オバサマの判定とは別の意味での、彼女の高等技術はまさにここにあったのである。そういえば、彼女は、大げんかして別れた先夫道貞にも、あとで、みれんたっぷりの歌を贈っているあたり、ちゃんとアフターサービスがついていて誰からも憎まれないように用意している感じである。同性たちにも評判がいいのは、こうした配慮の周到さによるものではないか。プレイガールについて、とかく同性の点数は辛いものと相場がきまっているのに、ふしぎと彼女はそうではない。いろいろトラブルを起こしたときなど、赤染衛門《あかぞめえもん》（彼女も百人一首に入っている歌人だが）などは、親身になって心配してやっている。これは常に捨てられムードを装った彼女が、世の女たちに、

「私の方が、まだしもシアワセ」

と思わせたからではないだろうか。

プレイガールを志すものは、このくらいオリコウでなければならない。また、世の奥サマ方が警戒すべきは、単純なポルノ志願の女の子ではなく、こういうオリコウな女性なのである。

孝謙女帝——栄光の中の孤独

女性の身で二度も皇位についた孝謙《こうけん》女帝は、日本史上まれにみる栄光につつまれた女性といえよう。が、お気の毒にも、女帝には、史上最高の黒いうわさがつきまとっている。だから戦前は、女帝について語ることはタブーだった。また、それゆえにうわさはうわさを生み、はてしない愛欲の持ち主だなどと、あられもないデマがささやかれた。

が、はたしてデマはほんとうなのか？　虚飾や中傷をぬぐいさってもう一度女帝の姿をみつめなおしてみよう。

女性の名は阿倍《あべ》内親王。奈良時代、あの大仏を作った聖武《しょうむ》帝と、光明皇后の間に生まれ、女性の身として異例のコースをたどって皇太子となり、やがて即位した。古代には何人かの女帝がいる。それらの女帝たちは、持統《じとう》天皇や推古《すいこ》天皇のように自らが皇后であるか、あるいは皇太子がきまっていても、年少だとかその他の理由で位につけないため、代って皇位につくような場合のどちらかだった。が、阿倍内親王は、そのどれでもなく、はじめから皇位継承者として、女性では異例の皇太子にえらばれた。

これにはわけがある。たったひとりの弟で皇太子だった基王《もとい》（基という名でなく、某王《ぼう》〔名前不詳の意味〕ともいわれている）が夭折したので、聖武帝と別のきさきの間に生まれた皇子に皇位を奪われないように、大急ぎで皇太子に立てられたのだ。暗躍したのはもちろん光明皇后の実家、藤原氏。光明皇后の子でない皇子が即位すれば、今までの権力を奪われてしまうので、苦肉の策で女性皇太子を作り上げたのだった。が、二十歳のプリンセスは、まだ周囲の黒い霧に気づいていない。生活はしごく平和で、ある年の端午《たんご》の節句には、父聖武帝の命で、優雅な五節《ごせち》の舞を舞っている。プリンセスが女帝の座についたときは三十二歳、豪奢な生活は相かわらずで、例の大仏開眼《かいげん》には、主役として晴れの盛儀に臨席した。

が、やがて聖武帝がなくなると同時に、女帝のまわりに、あわただしい黒い渦がまきおこって来る。

事件の第一は皇太子交代事件である。

聖武帝はその死にあたって、未婚の、したがって、あとつぎのいないわが娘孝謙女帝のために、道祖王《ふなどのおう》という皇族のひとりを皇太子とせよと遺言した。

ところが、この道祖王が聖武帝の喪中にもかかわらず宮中の女官と密通したことがわかったので、憤慨した女帝は早速皇太子をやめさせてしまった。

――父上の喪中に、なんとみだらな！

未婚の女帝の潔癖感を思えば、その激怒ぶりも、おおかた察しがつく。代わりの皇太子には大炊王《おおいのおう》という別系の皇族がえらばれた。そしてこのとき、女帝の片腕として活躍したのは、当時の実力者、藤原仲麻呂《なかまろ》だった。彼は光明皇后の甥《おい》だから、女帝にはイトコにあたる。年も十二歳上で、おそらく女帝の幼なじみでもあったろう。大仏開眼の当日には、儀式のあと、女帝は仲麻呂の家にとまっている。

彼はガクもあり頭も切れる。女帝は大いに頼もしく思われたようだが、じつは仲麻呂の献身にはコンタンがあった。その種あかしをしよう。彼が女帝にすすめて皇太子にさせた大炊王は、じつは仲麻呂の家に住んでいたのだ。早死にした彼の長男の妻の再婚の相手で、いわば女婿《じょせい》、といったところである。女帝への献身とみせかけて、仲麻呂の狙いは、どうやら別のところにあったようだ。

これにくらべて、女帝の仲麻呂を見る瞳は、もっと感性的なものだったと思う。兄のような異性、そして忠実なる騎士。といっても巷間《こうかん》伝えられるように、女帝と彼が特別の間柄にあったと考えるのはどうだろうか。

私は少なくとも、このときまではそうでなかったと見たい。なぜなら前皇太子の密通問題にあれほどカッとなれるには、女帝自身が純潔でなければならない。三十すぎた未婚女性の潔癖さを仲麻呂が利用したような気がする。

俗説では、女帝が彼を寵愛《ちょうあい》し、

「お前の顔を見ていると、しぜんにほほえみたくなるし、お前の押しにはいつも負けてしまう。だから恵美《えみ》（笑み）押勝《おしかつ》という名をあげよう」

といったということになっている。

が、これも事実ではない。彼はおそろしくガクを好むヘキがあり、聖武帝、光明皇后にも徳をたたえた長ったらしい名前を奉ったり、官名、役名を、中国風にかえてゴキゲンになったりしているが、ついでに、自分の功績についても、

「ひろく恵むの美」「暴を禁じ、強に勝ち」

などとほめてもらって名をかえた。もっともこのほめことばそのものが、自作自演だったらしいのだが……。

ともあれ女帝と仲麻呂―押勝の間は、しばらくの間はしごくなごやかだった。が、十年後、お互いの心のズレがとうとう表面化するときがやって来る。きっかけは女帝

が皇太子に位を譲ったあたりからで、大炊王が即位して淳仁《じゅんにん》帝となると、仲麻呂は天皇に密着して、思いのままに腕をふるいはじめた。

――なにごとも天皇第一。

という押勝の態度を見たとき、女帝は何か裏切られたような気持ちを味わったのではないだろうか。

――押勝、お前は、私を愛しているのではなくて、権力を愛していたのだね……。

女性にとっては悲痛な一瞬だ。そのうえたよりにしていた母の光明皇后がなくなったことも、女帝の孤独感を深めたにちがいない。そのせいだろうか、女帝はまもなく病気になる。そしてこのとき、病気をなおすまじない僧としてよばれるのが僧道鏡なのだ。

彼は自分の呪術《じゅじゅつ》のありったけをつくして女帝の治療に専心する。そのかいあって女帝は健康をとりもどすが、その献身的な奉仕ぶりは女帝の心を深く捉《とら》えずにはおかなかった。彼には恵美押勝のような野心がない。しんそこからの献身である。押勝に裏切られたあとだけに女帝の心は急速に道鏡に傾き、猛烈な恋に陥るのである。

昔は、道鏡は日本史はじまって以来の悪人のように言われていた。

第一に彼は妖僧《ようそう》だという。これはしかし思いすごしだ。彼はごくあたりまえな、一人のオトコである。ただし大変な勉強家だった。そのころでは珍しくサンスクリット（梵文《ぼんぶん》）も読めたというから、ガクはあったのだろう。また呪術の修業をしたというので魔法使いのようにいわれるのだろうが、これは当時の僧侶ならたいがいやることで、彼の特技ではない。残っている筆跡をみると、なかなか大らかでゆったりした人がらを感じさせる。

第二の、そして最大の非難は彼が天皇になろうとしたことにむけられているが、これは誤解だ。史料を読んでみると、孝謙女帝のほうが、そのことに積極的なようにみえる。女帝はしんそこからつくしてくれる道鏡に次第に心を傾けていったのだ。恵美押勝はそうした女帝の態度の反対で、淳仁帝に道鏡との間を非難させた。

これをきいて憤慨した女帝は淳仁帝に、

「よくも失礼なことを言いましたね。もうこれ以後は、あなたの勝手は許さない。今後は小さな事だけに口を出しなさい。国家の大事は、私が裁決します」

と宣言した。これが原因で恵美押勝は反乱の兵をあげるが、失敗してあえない最期をとげ、淳仁帝も廃され、女帝は皇位に返り咲く。これが称徳《しょうとく》帝である。

と同時に、女帝は道鏡を大臣禅師《だいじんのぜんじ》として国政に参与させ、のちには法王の称号をあたえる。そのあと道鏡は天皇になろうとしたが、九州の宇佐八幡《はちまん》におつげを聞きにいった和気清麻呂《わけのきよまろ》のもたらした答えが「ノウ」だったので、このことはとりやめになった。

戦前の学校教育では、道鏡は臣下の身分で天皇になろうとした極悪人としてやっつけられ、和気清麻呂は、皇統の神聖を敢然と守った大忠臣、と教えられたが、どうも事実はそんなことではなかったらしい。当時、朝廷には道鏡を天皇にしようとする一派と、そうはさせまいとする一派との激しい勢力争いがあり、両方が宇佐八幡を利用しようとしているのだ。じじつ、一度は宇佐から「道鏡を天皇にしろ」というおつげも来た。それをひっくりかえしたのが、その後託宣を聞きにいった和気清麻呂である。このとき、道鏡の即位を拒否した張本人は、いうまでもなく藤原氏一族だ。彼らと清麻呂の関係はよくわからないが、少なくともこのおつげをより巧みに利用したのは藤原氏だといえるだろう。

では、こういうおつげをもらった称徳女帝はどうだったか。さすがに皇位にあった彼女は天皇家以外の道鏡を皇位につけることに自信がなくて、神意を問い、それに従って、「道鏡の野望を抑えた」と解釈する向きが多いが、史料で見るかぎり、その後も、むしろ未練たっぷりで、道鏡との交渉はいよいよ深まっている。

もし、女帝が皇位を守ろうとしたなら、少なくとも黒い野望を抱いた道鏡は、ノウと言われたその日に、側近から追出されていいはずなのに、それどころか寵愛はますますお盛んなのだ。とすれば、女帝は道鏡を愛していた、というよりほかはないではないか。

ところが昔はそれにふれることがタブーだったので、そこの所がぼかされてしまった。そして二人の関係は正史から姿を消し、口さがない裏面史にだけ残されたために、話はヘンな方へエスカレートし、道鏡は稀にみる巨根、そして女帝は稀にみる好色女として囁かれるようになってゆく。が、じつを言うと道鏡の巨根説が登場するのはずっと後のことである。少なくとも当時はそうは思われていなかったのだが、女帝の愛をひたかくしにかくした事から、かえって裏面史に仇《かたき》をとられる形になったのは皮肉である。

が、考えてみれば人が人を愛することがなぜ悪いのか。女帝とて人間である以上は、これはあたりまえなことではないか。しかもこのとき女帝は四十をなかばすぎている。政略的な理由で異例の女性皇太子となって以来、ついに結婚の機会を与えられなかったひとの、最初にして最後の愛の燃焼なのだ。四十女の恥も外聞もないひたむきさは、ちょっと涙ぐましい。

ところが当時の政治情勢は女帝が夫を持つことを拒否した。おそらく、夫とその一族の手に権力が移るのを恐れたのだろうが、男の天皇には多くのお妃を許しておきながら、さりとは不公平な話である。英国をみるがいい。エリザベス女王には、ちゃんとご主人も子供もいるではないか。

それにくらべて、なんという不自然な人間性の圧殺だろう。道鏡を天皇にしようとした女帝の動きは、むしろ、そうした非人間的な側近権力者へのレジスタンスだったかもしれないのである。

愛の挫折ののち、女帝は五十三歳で崩じるが、その直前まで、女帝は道鏡といっしょに道鏡の故郷に造られた由義宮《ゆげのみや》で過している。

――私たちの結婚をみとめない奈良の都の男たちの顔なんかみるのも嫌！

という事だったのだろうか。そこで女帝は男女の農民たちの歌や踊りに興じている。一生の恋を賭けた皇位問題に挫折して、政治への関心を全く失い、ただ愛する人といることしか考えていない女帝の姿に、むしろ涙をさそわれる。女帝はこの瞬間、もしかしたら、死を予感していたかもしれない。たしかに、与えるものをすべて与えつくしてしまった女帝の人生の前途には、何も残されてはいないのだから……。宝亀元年（七七〇）の死は、偶然だったかもしれないが、なまじ長生きしなかったことに、かえって私はホッとしている。

女帝の死とともに道鏡は下野《しもつけ》（栃木県）の国分寺に追いやられる。このときの彼の退場ぶりは、しごくあっさりしていて、悪あがきをしていない。もし彼がほんとうに権力欲の権化《ごんげ》だったら、こうではなかったろう。彼はひたすら孝謙女帝の冥福を祈りながら二年後にその命を終えた。

もし——という仮定は、歴史においてはナンセンスなことだが、あえて私はひとつの仮定をしてみたい。もし、女帝が道鏡を夫とすることができたら、という仮定をである。

それは孝謙女帝ひとりの幸福にとどまらず、日本の女性の歴史を少し変えたのではあるまいか。孝謙女帝のトラブルにこりたのか、それ以降日本歴史から女帝はほとんど姿を消してしまうが、女帝も結婚できるということになったら、もっと女帝が登場したかもしれないし、ひいては、女性のお値打ちも、もっと高まっていたかもしれない。

が、奈良朝の男性はそれを許さなかった。なんとヤキモチ焼きの日本の男たち！　意地悪な男たちにかこまれて、むなしい栄光の中に朽ちていった孝謙女帝は、日本史上最も孤独な女性かもしれない。

北条政子――鎌倉のやきもち夫人

やきもちは女性の最大の悪徳だといった男性がいる。とすれば、ここにご紹介する北条政子《ほうじょうまさこ》は、日本一ともいうべき壮大なやきもちによって、日本の悪女ナンバーワンということになるわけである。

政子は、いわずと知れた鎌倉幕府の創立者、源頼朝夫人である。いわば鎌倉時代のトップレディーのひとりだが、彼女の生まれたのは十二世紀の半ば、父時政は伊豆半島の小土豪《しょうどごう》にすぎず、おそらく彼女も、土のにおいのする自然児の坂東《ばんどう》女として生いそだったにちがいない。そして一方、そのころの頼朝といえば、一介の流人《るにん》――源平の合戦に敗れた戦争犯罪人のひとりでしかなかった。

この二人の結びつきを頼朝が北条氏を利用しようとしたのだとか、いや北条氏が頼朝をかついで天下をねらったのだとか言うのは、後の結果から見てのことであって、二人の結婚したのはまだ平家全盛時代で、風向きの変りそうな気配の全くないころだった。そして、頼朝も政子も、そんな野心にはほど遠い、あまりパッとしない存在だった。

もっともお互い、かなりさしせまった個人的な事情はあった。というのは二人ともかなりのハイミスター、ハイミスだったからだ。頼朝は三十、政子は二十。十二、三で結婚するそのころにしては、婚期を逸した同士である。頼朝はともかく、政子はつきつめていた。

——これを逃がしたら、またいつ男にめぐりあえるかわからない……。

多少年はとりすぎているが、頼朝はなかなかの美男子だった。それに何といっても、平治の乱で平家に負けるまでは都でくらしているから、このあたりの土豪のむすこにくらべれば、あかぬけがしている。そのうえ敗れたりとはいえ彼は源氏の棟梁《とうりょう》の嫡男《ちゃくなん》という毛ナミのよさなのだ。

毛ナミがよくて、美男で、スマートで……いつの世にも女はこうしたものに夢中になる。そして、いつの世にも、そうした娘に親は腹をたてるものらしい。

「あいつは戦争犯罪人のスカンピンだ。平家の世が続くかぎり出世のみこみはないぞ。それよりも、もっと地位もあり財産もある男でなくちゃあ、おれは許さん」

ところが親が反対すれば反対するほど恋心はもえあがるものらしく、政子は家をとびだし、頼朝のもとへ走ってしまう。伝説では、時政が地位も財産もある平家の代官、山木兼隆にとつがせようとした婚礼のその夜、雨をついてぬけだしたので、時政も仕方なく二人の仲をみとめたといわれるが、これは史実としては誤りである。

ところが、まもなく平家が落ち目になり、周知のように頼朝は挙兵する。一度は失敗しかけるが、関東武士の支持を得てみごとに立ち直り、鎌倉に新しい根拠地を開くまでの話はあまりにも有名だ。

それまでに政子は一女の母となっている。戦争の間は難をさけて今の熱海あたりにかくれていたが、やがて鎌倉にやって来てトップレディーとしての生活が始まる。まもなくふたたびみごもって、今度は男の子を産むが、その直後、彼女は聞きずてならないうわさを耳にするのだ。

「頼朝さまは、浮気をしてござるげな」

とたんに政子の目はつりあがり、ここに壮大なやきもち劇がはじまる。

頼朝の浮気の相手は亀《かめ》の前《まえ》という女性だった。どうやら伊豆の流人時代からのなじみらしい。彼は政子のお産を幸いに、亀の前を伊豆からよびよせたのだ。

そのころ、お産は「けがれ」とされていたから、産婦は産み月が近づくと、家を出て別の産所に移る。男にとっては、絶好の浮気のチャンスである。

彼はまず亀の前を鎌倉からほど近い小坪という所にかくした。が、そのうちだんだん大胆になって、さらに近く——今の材木座の海岸に移した。

その妾宅《しょうたく》をおとずれる口実に彼はときどき海岸で牛追物《うしおうもの》といったスポーツ大会をやっている（これは昨今、ゴルフを口実にするのと、はなはだよく似ている）。

こうした真相を知った政子のおどろき！

——まあ、ヒトがお産で苦しんでいるのに。

あのひとのために、旗あげ以来、私はずいぶん苦労させられているのに！

——おとうさまの反対を押しきって、オヨメサンになってあげたのに！

——ああ、何ということか。少し生活がらくになると、すぐ男はこうなのだ……。

考えれば考えるほど腹が立ってくる。

——どうしたらこのくやしさを、思いしらせてやれるかしら。

が、いくら知恵をしぼっても、そうとっぴなことを考えつくことはできない。彼女の考えたのは、こんなときおおかたの女性の胸にうかぶにちがいないことの範囲を出なかった。

ただちがっていたといえば、その考えたことを、実行したというだけのことである。

彼女はやったのだ！　屈強の侍に命じて、その憎むべき相手亀の前のかくれがをさんざんにぶちこわしてしまったのである。亀の前は身一つでとび出し、あやうく難をまぬがれた。

さあ、鎌倉じゅうは大評判だ。頼朝の耳にもいちはやくそのことは伝えられた。こうまでカオをつぶされては、鎌倉の総大将たるもの、黙ってはいられない。彼はさっそくそのぶちこわしに行った侍を呼び出した。

「ご苦労さまだったな。お前はなかなかの忠義ものだよ」

やんわり皮肉を言っておき、

「それにしても、いくら御台所《みだいどころ》（政子）のいいつけとはいえ、こんなときには、一応、おれにそっと知らせるものだぞ」

あっという間にその男の「もとどり」を切ってしまった。これは今でいえば頭の半分だけ丸坊主にされたようなもので、世間に対して顔むけができなくなる。

なんともはや盛大な夫婦げんかである。

この事件のおかげで、政子は日本一のやきもち焼きということになっているのだが、これを読まれた現代の奥さまがたは、どう思われるだろう。

憎さのあまり夫の愛人の家をぶちこわす！　政子のやったことは、たしかに、はし

たない。けれども、じつをいうと、私の心の中には、

――よくもやったわねェ！

ちょっぴり、その向こうみずの勇気にカンタンする気持ちもないではない。

――もし、私が、そんな立場におかれて、それだけのことができたら、どんなにスッとするだろう……。

夫の名誉のためにおことわりしておくが、私はこれまで、そうした経験はない。だが、仮定の事実として自問自答してみよう。

「あんただったら政子のようにやれる？」

「………」

「正直に言いなさい！」

「……（考えた末にポツリと）できないわ、やっぱり」

これは私が政子ほどはしたない女でない証明にはならない。私は政子よりミエっぱりなのだ。もしそんなことをしたら、

――あの女、二号の家をぶっこわしたとさ。

と、みんなのうわさのまとになるにちがいない。それがはずかしいのである。

しかも政子はナガイミチコふぜいとはちがって、鎌倉のトップレディーなのだ。裏

長屋のオカミさんならともかく、大臣夫人や一流会社の社長夫人がそういうことはなかなかやれるものではない。

それをあえてやりとげた政子という人は、ほんとは「勇気ある人」なのではないだろうか。そしてある意味では、彼女は、鎌倉のトップレディーとなったときも、土の臭いの中で生いそだった、自然児としての正直さを失わなかったのだ、ともいえそうだ。

いわばこれは自然児政子の、率直な頼朝への愛の表現だ。その「愛」を人呼んで「悪徳」という。愛とはカナシイものである。

ところで、こんなに政子に手痛い愛のパンチをこうむりながら、頼朝はいっこうにこりずに第二、第三の情事をくりかえす。そして政子はそのたびに、われにもあらぬ狂態を演じることになるのである。

もっとも頼朝の浮気ばかりを責めるのは酷かもしれない。当時は一夫多妻は常識だったし、十四歳まで都にいた彼は、ただれた愛欲の世界も見聞きしていたにちがいない。が、坂東の気風は少しちがっていたようだ。複数の妻はいたけれど、何か一つの秩序があり、都の結婚とは少しちがっていたのかもしれない。してみると頼朝と政子の間には決定的な生活感覚の差があったことになる。

いわば第何夫人かまで許されるアラビア人が、一夫一婦制しか知らない女を妻にしたような……。妻にあなたは不貞だ、となじられて、

「わからんなあ」

と目をぱちくりさせている夫。頼朝の役回りは案外そんなところだったのではないか。そうなると政子のこの猛然たるやきもちも、何やらこっけいなものに見えてくる。

が、後世の彼女に対する批評はかなりきびしい。この猛烈なやきもちから、彼女をかかあ天下第一号と認定し、しかも夫の死後、尼将軍などとよばれて、政治の表面に登場するので、出しゃばりな、権勢欲の権化とみているようだ。

これはとんでもない誤解である。尼将軍というのは俗称で、彼女は正式に将軍になってはいない。彼女は実家の北条家の代表者にすぎず、自分自身は権勢の人ではなかった。といっても、あるいは反論がおこるかもしれない。

「そんなことはないわ。彼女は権力欲のために、自分の実子の頼家も実朝も殺してしまったじゃないの。北条家の権力のためには、そんなことも平気でできる冷たい女なのよ」

これも誤解である。冷たいどころか、彼女は熱すぎるのだ。その熱すぎる血が、とんでもない家庭悲劇を巻きおこしたのである。

夫の死後、彼女は長男の頼家を熱愛しようとした。ところが、すでに成人していた頼家は愛妾若狭局《わかさのつぼね》に首ったけで、母のことなどふりむきもしない。政子は絶望し、若狭を憎むようになる。いまも姑と嫁の間によくあるケースだ。そのうち母と子の心はさらにこじれて、かわいさ余って憎さ百倍、遂に政子は息子と嫁に殺意を抱く……。数百年後も時折り新聞をにぎわわす、おろかな母と同じことを政子はやってしまったのだ。

混乱の末、頼家も命を失ってしまった後、政子は突然、激しい後悔におそわれる。

——私はとんだことをしてしまった!

せめてもの罪ほろぼしに、頼家ののこしていった男の子をひきとり、それこそ、なめるようにかわいがりはじめる。父の菩提《ぼだい》をとむらうために仏門に入れ、都で修行させるのだが、それもかわいそうになって、手もとにひきとり、鶴岡八幡宮の別当(長官)とする。

が、この孫は祖母の心のいたみなどはわかっていない。父にかわって将軍になった叔父の実朝こそ親の仇と思いこみ、とうとう彼を殺してしまう。この少年が、れいの別当公暁《くぎょう》なのである。

母と子、そして叔父と甥。源家三代の血みどろな家庭悲劇は、歴史上あまりにも有名だが、政子の抑制のきかない愛情過多もその一因になっている。もちろんこのほかに幕府内部の勢力争いもからんではいるが、なんといっても政子の責任は大きい。彼女は決して冷たい女ではない。いや、相手を独占し、ホネまで愛さずにはいられない女なのだ。

やきもちのあまり、妾のかくれがをぶちこわすぐらいならまだいい。が、愛の激しさは、行きつくところまで行くと、とんでもない事件をひきおこす。

女の中にある愛情の業《ごう》の深さを、浮彫りにしたのが、政子の生涯だったといえるのではないだろうか。

ところが、本当にお気の毒なことに彼女のゲキレツな愛情は歴史の中で見過されて来た。いや、むしろ愛などとは無縁な冷たい権力欲の権化、政治好きの尼将軍と見なされて来た。これだけは彼女にかわって、是非ともここで異議申し立てをしなければならない。

彼女は決して、そんな冷たい人間でもなければ、政界の手腕家でもない。こころみに、彼女の政治的業績を再検討していただきたい。何一つないではないか。のちに承《じょう》久《きゅう》の変が起ったとき、たしかに彼女は将兵を励ますための大演説をやってのけている。が、これにはちゃんと演出家がついていて、彼女はその指示のままに「施政方針演説」

を朗読したにすぎない。しかもその演出家たるや、首相の下にいて草稿を書く下僚ではなく、稀代《きたい》の政治家である北条義時——彼女の弟だった。

つまり彼女はこの義時のロボットなのだ。現代の政治家が束になってもかなわないくらいの大物政治家の義時は、絶対に表面には出ずに、表向きのことは政子に——それも「北条氏の政子」ではなく「頼朝未亡人としての政子」にやらせている。しかも頼朝の血筋に連なる幼い藤原頼経を将軍に据え、政子には、その代行という形をとらせるのである。女性の一人として、先輩に大政治家がいた、と主張したいのは山々なのだが、こうした実態を見ると、どうも彼女を買被《かいかぶ》ることはできない。

となると、彼女の真骨頂は、庶民の女らしい激しい愛憎の感情を歴史の中に残したところにあるといえそうだ。いかにも庶民のオカミさんらしく、愛しすぎたりやきもちを焼いたり、息子や孫に口を出して、とんでもない事件を巻き起したり……。つまり徹底的に庶民的な、愛情過多症に悩まされつづけたオバサマなのである。

道綱の母――書きますわよマダム

彼女の名前はわからない。何年に生まれて何年に死んだかもわかっていない。言いつたえでは、王朝三美人の一人、ということになっているが、肖像画が残っているわけではない。辛うじて、その子の名前をとって右大将道綱《うだいしようみちつな》の母、とだけよばれている。はなはだ漠然とした存在だが、それでも、私たちが見すごすことができないのは、彼女が日本における「書きますわよマダム」の元祖であるからだ。

そしてそこには、恥も外聞もない、女の愛憎のすさまじさが、あますところなくえがかれているからである。

自分の私生活をバクロする――今でこそ珍しくもないことだが、それまで、そんなことをやった女性は一人もなかった。その意味で彼女は「勇気ある先駆者」といわなければなるまい。

彼女の書いたのは、ある男性との二十余年の交渉のいきさつである。しかもこの男性というのが、藤原兼家《ふじわらのかねいえ》という当時の最高権力者だ。今ならさしずめ総理大臣——いや、彼は現代の総理クラスのミミッチイ小物《こもの》ではない。なかなか豪快な、スケールの大きい、一代の王者である。

——王者と私の二十年！

これならゼッタイにマスコミは飛びつく。が、残念ながら、当時は新聞も週刊誌もなかったから彼女はいくら書いても、一円の原稿料もはいりはしなかった。

にもかかわらず、彼女は書いた。書いて書いて書きまくった。

なぜか？　書かずにはいられなかったからだ。一代の王者として、もてはやされるその男が彼女にとって、いかにヒドイ男であったかを、どうしても書かずにはいられなかったのだ。彼女は「蜻蛉日記《かげろうのにっき》」とよばれるその作品のはじめに、こう書いている。

「世の中で読まれている物語にはウソばかり書いてある。ホントの人生はそんなものじゃない。私はホントのことを書くのだ」

だから、ここに登場する兼家は、きれいごとの王朝貴族ではない。図々しくて、不誠実で、浮気で……。その私行はあますところなくあばかれている。

「蜻蛉日記」を流れているのは、こうした「男」を見すえるすさまじいばかりの女の執念である。まず書き出しのあたりを読んでみよう。二人の交渉は、兼家がラブレターをよこすところから始まる。当時彼はまだ役どころは高くなかったが、ともかくも右大臣家の御曹子《おんぞうし》である。彼女の父はといえば、いわゆる受領《ずりよう》階級―中級官吏だから願ってもない縁談だった。まわりは大さわぎするが、それを彼女は、冷然と書いている。

「使ってある紙もたいしたこともないし、それに、あきれるほどの悪筆だった！」

これでは、未来の王者も全く形なしである。

稀代《きたい》の悪筆が彼女を幻滅させたともしらず、兼家はせっせとラブレターを送り続ける。このころのラブレターはみな和歌だ。

――いかにあなたに恋いこがれているか。

というような当時の歌だが、それもあまりうまくはない。が、まわりにせっつかれて、彼女も返歌をせざるをえない。

――どうせ本気じゃないんでしょう？

という歌を書くのだが、これは当時としてはお定まりのコースである。男が好きだと言い、女がウソでしょうと応じる。これを繰り返して、やがて二人が結ばれる、というのは当時の結婚の標準コースで、したがって彼女も、それほど兼家をきらっていたわけではない。

ついでにいうと、兼家との結婚は、たしかに良縁だが、決してシンデレラ的なものではなかった。大臣家のむすこと受領層の娘という結びつきは、よくあることで、げんに兼家は同じくらいな身分の藤原中正の娘、時姫とすでに結婚し、子供をもうけている。といっても時姫が正妻で彼女が二号だというわけではない。当時は一夫多妻は常識で、中でいちばん愛されること、それが女の望みだったのだ。

その意味で、彼女は一時期まさに勝利者だった。王朝三美人の一人と言われたくらいの美貌《びぼう》の持主だったらしいから、兼家は熱心に訪れた。そしてその熱意にほだされた形で彼女は彼に身をまかせる。一月のうち三十日——つまり毎晩わが家に来て欲しいなどと大それた望みを持つのもこのころだ。

が、彼女を手に入れたとなると、少しずつ兼家の足が遠のきはじめる。やがて彼女はみごもり、男の子を産むが、その直後、彼女は、夫がほかの女にあてた恋文を発見してしまうのだ。

——まあ、なんてこと！

勝ち気でプライドの高い彼女は、この日から激しい嫉妬《しっと》にさいなまれはじめるのだ。言いわけをして出ていってしまった夫の車のあとをつけさせるようなはしたないことも、あえてやっている。今ならさしずめ、私立探偵を頼むといったところである。

相手はじきに知れた。町の小路に住む、さる皇子のおとしだねとかいう女である。そこまでわかればわかったで、なおも胸の中は煮えくりかえる。その後兼家がたずねて来て、しきりに戸をたたいても、あけようともしない。仕方なしに立ち去った彼に、翌日、いや味たらたらの歌を送りつける。

嘆きつつひとり寝る夜のあくるまはいかに久しきものとかは知る

あなたが来ないのを嘆きながらひとり寝る夜は、どんなに夜あけが来るのがおそいことか、ちっとはおわかりですか。夜の明けるのと門をあけるのをかけたこの歌は、百人一首にもはいっている有名な歌である。

その後も兼家と顔をあわせれば、わざと冷たくしたり、頼まれた縫いものを断わってしまったり、彼女の気持ちはこじれるばかりだ。が、兼家はもともと移り気だったらしく、町の小路の女との間に子供までつくったが、その子は早世してしまった。女もやがて捨てられてしまう。それを聞いて彼女は書いている。

「いつか私と同じ苦しみを味わわせてやりたいと思っていたら子供までなくして、私以上にひどいことになった。きっと嘆いているだろうと思うと、胸がせいせいする」

とは鬼女さながら、すさまじいかぎりである。

が、町の小路の女との間がさめたといっても、兼家の浮気はおさまったわけではない。時折りは思いがけなくやって来はするものの、次々と女のうわさが伝わって来て、彼女の心は休まるひまがない。

兼家の浮気のうわさ――それはとりもなおさず彼女の敗北を意味するのだ。美貌と才気、この二つをもってしても、彼をひきとめ得ない敗北感、それをひしひしと味わうのは、彼の車がしらんふりをして彼女の門前を通りすぎるときだ。「蜻蛉日記」には、このへんの女の心の屈折を描いて余すところがない。

その点、彼女の作家的な力量は大したものだけれども、私は人間としてはどうも彼女は好きになれない。あまりのプライドの高さとエゴイズムがカチンと来るのだ。

たとえば兼家の第一夫人、時姫に対する態度がそうだ。時姫に対しては彼女は嫉妬していないが、これはむしろ、時姫にわざと弱味をみせまいとする彼女一流のプライドのなせるわざかもしれない。それかあらぬか、時姫の所へも兼家がよりつかなくなったと聞いて、ここぞとばかり同情の歌を送ったりするのだが、時姫だって、兼家が彼女に惚れはじめたころは、きっと嫉妬にさいなまれていたに違いないのだから、そこへ、同病相あわれむ歌を送るなどは、ある意味では意地悪でもある。時姫もそれを感づいていたとみえ、このときは、

「大きなお世話よ」

と、しっぺがえしをくわせている。

どういうものか私は「蜻蛉日記」を読んでいると、だんだん兼家が気の毒になってくる（少し男に甘いのだろうか）。いいわけを言ったり、ごきげんをとったり、汗だくの奮戦だ。あるときはすねて山ごもりしてしまった彼女に手をやいて、とうとうその寺にのりこんで、あたりのものをばたばた片づけ、引っさらうようにして家に連れ帰る。

――全く手のやける女だ。

内心そう思いながら、陽気に冗談などいって連れ出すあたり、まことにご苦労さまだ。案外、彼女も、ひねくれながらもそうした兼家に甘ったれているのかもしれない。が、甘ったれるにしては彼女の嫉妬はいささか陰性すぎる。先に書いた北条政子――逆上のあまり二号のかくれがを打ちこわしてしまった彼女の嫉妬は、いかにもいなか者らしく荒っぽいが、陽性で、多少ユーモラスでさえある。が、「蜻蛉日記」の作者の場合は、陰湿ないやがらせの色が濃い。

たとえば「嘆きつつ……」の歌の事件のときだって、わざと門をあけずにいれば、男はうんざりして別の恋人、町の小路の女のところへいってしまうのはあきらかだ。

意地を張ったおかげで、みすみす彼女はライバルに夫を渡してしまうのだ。

あるときは、死にもしないくせに「遺書」を書いたりしている。病気になったふりをしたり、死ぬふりをするというのは、男から捨てられかけて、ノイローゼ気味になった女のよく使う手である。中にはそれが昂じてほんとに病気になってしまう人もいるが、遺書を書くというくらい男をうんざりさせるものはない。これではますます相手がうとましくなってくる。

その意味では「蜻蛉日記」は王朝版「夫にきらわれ方教えます」である。そう思ってみると現代でもすぐに役立つ人生の書ともいえそうだ。

もっとも、こんなことを書けば、あの世の彼女は言うかもしれない。

「わかっていても、やめられないのが女のヤキモチなのよ」

それはたしかにそうなのだが……。

二条――自作自演、わが恋の記録

カサノヴァやドン・ファンには及ぶべくもないが、まず、ちょっとした「わが恋の記録」を書いた二条という女性がいる。西洋のオノコどものそれが、とかく量を誇る趣があるのに比べて、彼女のは量よりも質――。一つ一つの恋が、それぞれ曰《いわ》くつきであるのも、日本的こまやかさと言うべきか。

しかも登場人物がソウソウたるもの。天皇あり大臣あり、その他の貴族あり、坊さんあり……。恋のパターンのいろいろを書きわけたのは紫式部だが、式部のがオハナシであるのに比べて、二条の書いた「とはずがたり」は、体験的報告であるところがミソである。

しかもおもしろいことに、彼女の告白を読んでみると、どこかに「源氏物語」との共通点がある。

——ひょっとすると、源氏物語の読みすぎではないか……。

そんな気もしないではない。

たとえば——。二条の初体験は十四歳の初春。女のしるしを見て間もなくのことである。邸の中がちょっといつもとは違う、と思っていたら、夜になって、後深草上皇がしのびで姿を見せ、そのまま、彼女を床につれていってしまう。

「ま、何ということを……いや、いや」

彼女は必死に抗《あらが》う。なぜならその日まで彼女は、後深草を父とも慕ってその膝元で育てられて来たのだから……。

彼女の母は大納言典侍《だいなごんのすけ》と呼ばれ、後深草の乳母《めのと》だった。大納言久我雅忠《こがまさただ》との間に彼女を儲けたが、二年あまりで死んでしまった。だから彼女は、ほとんど母の顔も知らない。後深草は、母に死におくれた彼女をあわれに思ったのか、ずっと手許《てもと》において、

「あが子（我が子）」

と呼んでかわいがってくれた。だから彼女は父の屋敷よりも、むしろ宮中をわが家のようにして育って来たのである。

——その父とも慕うお方が……。

その夜はとうとう拒みつづけた。周囲は、そんな彼女を、

「思いのほかねんねなのね」

「今どきの若い人にしては珍しいわ」

苦笑の眼でみつめている。そして次の日、

「私はね、そなたが十四になるのを、待っていたんだよ」

という後深草の囁きに、遂に彼女は身をまかせてしまう。

このあたり、「源氏物語」の紫の上の話を地でゆくような感じである。しかも、のちに、後深草は思いがけない告白をする。

「じつはね、自分の新枕《にいまくら》は、そなたの母なのだ」

少年が、乳母によって初めての性経験をするというのは、よくあることで、珍しい話ではない。

「が、あのときは私はまだ少年だったし、典侍には、そなたの父をはじめ、何人も恋人がいた。気おくれがして、何やら恥ずかしく、思うままに愛しあう勇気もなかった。だからそなたが生まれると知ったとき、いわば母の腹にいるときから、この子が生まれたら、きっと……と思っていたのさ」

上皇の告白に眼を丸くしたり卒倒していただくと、先が書きにくくなる。いや、その前に、現在と当時は愛のモラルが違うのだということを前提にして読んでいただきたい。社会の全部がそうなのではないが、特に宮廷社会は、インモラルな雰囲気に満ちみちていたのである。

ところでこの話も「源氏物語」に何とよく似ていることか。源氏は、自分の母によく似た父帝のおきさき、藤壺を愛してしまったために、その藤壺と血のつながりのある紫の上に関心を持つようになるのだから。

この告白によって、二条は、後深草が今日まで、どんな思いをこめて彼女をみつめていたかを知る。今日の常識では、自分の母とかかわりのあった人なんて！　というところだが、むしろその告白を通じて、二条は上皇の愛の深さを知るのである。

そしてこのまま納まってしまえば、二人はさしずめ、源氏と紫の上ということになるのだが、困ったことに、早熟な彼女は、すでに恋文をとり交していた男性がいた。一方の後深草には、父のように甘えていただけに、かえって男性としての魅力を感じなかったのかもしれない。

二条は、この恋人の名を「とはずがたり」の中ではあかしていない。一応文中では「雪の曙」ということになっているが、学者の研究では、西園寺《さいおんじ》実兼《さねかね》だろうと言われている。実兼とすれば、のちに宮廷で、かなりやり手として活躍する男である。

それから間もなく、二条は後深草の子を身ごもる。

「さては皇子誕生」

と喜んだ実父雅忠は、残念ながら、出産を見ないうちに死んだ。そしてそのころ乳母の家に里下りをしていた彼女は、訪れて来た雪の曙と遂に肉体の交渉を持ってしまう。身ごもっているということも、かえって彼女を大胆にさせたのかもしれない。ともあれ、ここで、彼女は後深草に秘密を作ってしまうのである。

彼女が皇子を産んだのはその翌年、その後も里下りして、ずるずると雪の曙との逢瀬を続けているうち、はっと気がついたときは、彼の子を身ごもっていた……。

さあ大変、悪事露見！

悪知恵のありったけを働かせて、急いで後深草の許へ戻って交渉を持ち、

「また身ごもりました」

と披露して御所を退出、こっそり不義の子を産み、上皇には、

「流産いたしました」

と報告する。このときは雪の曙もお産につきそい、生まれた女の子は、その場からつれていってしまう。このときの彼女の告白が面白い。

「親子だから、かわいくないことはないが、まあしかたがない」

と、ごくあっさりしたものだ。のちに彼女は母と名乗らずに、よそながら成長した

わが子の姿を見せてもらうが、ここでも母子もののお涙映画を予想した向きは大いにあてがはずれる。彼女の手記には、「もう人の子になっているのだから」としか書いていないのである。

雪の曙との交渉はその後も続いたようだが、今度は新しい男性が現れた。これも「有明の月」ということになっているが、後深草の異母弟の性助入道親王《しょうじょにゅうどうしんのう》のことらしい。後深草の病気平癒の祈禱によばれた有明の月に、二条が何気なく近づくと、思いつめたふうで恋を打明けられ、否やの余裕もなく、抱きすくめられてしまう。二条は、これについて、

「相手は尊いお方だし、声をあげることもできず……」

と言っているが、多少いかもの食い的なアバンチュール精神もあったのかもしれない。が、有明の月は、恋上手な雪の曙とは勝手のちがう相手だった。

「私はこの年まで禁欲していた」

と言うだけあって、真剣すぎて気味が悪い。二条もいささかへきえきした様子である。いい加減逃げ腰になって後深草に告白すると奇妙なことを言いだした。

「あんまり拒むのは、かえって罪造りだよ」

有明の月との情事をすでに知っていたのかもしれない。このとき、さらに後深草は、

「まあ、私にまかせなさい。悪いようにはしない」

薄気味悪いようなものわかりのよさを見せて、積極的にデイトの機会を作ってやり、その結果生まれた子供の処置まで面倒をみてくれる。

彼女を真剣に愛していたはずの後深草が、これはいったい本気なのかと思いたくなるが、これがあの社会の何ともはやおかしな所であって、その代り、後深草も、二条に手引きさせて町の女や、斎宮《いつきのみや》だった異母妹との情事を持ったりしているのだ。そして二条も、それを怒る気配もなく、すぐ言いなりになってしまった相手のことを、

「もうちょっと焦《じ》らせてあげれば、おもしろいのに」

などと評している。

また有明の月のことについても、あれだけ面倒をみてもらっておきながら、その後も、後深草に内緒で交渉をもち、またもや子供を身ごもったりしている。その間に有明の月が急死したので、二条は今度はたった一人で子供を産む羽目《はめ》に陥った（もっともその子をどうしたかは文中には出て来ない）。

そのほか、伏見の離宮《りきゆう》で、酔っぱらった関白鷹司兼平に袖をひっぱられて、ついうかうかと――といった、おじいちゃま相手の情事もある。このときも後深草は見て見ぬふりをしているらしい。

いろいろ取りそろえられた情事の手帖を読み進んで蒼くなったり赤くなったりするのは野暮《やぼ》というものであろう。彼らの誰にも、さほど罪の意識はないのだから、そして「源氏」を地でゆくようにみえて、その実大きに違うところはそこなのである。「源氏」はさまざまな恋を描きながら、その底に重く流れる無常観やら人間の本質に迫る罪の意識があるけれども、二条たちは、そういう取りくみ方はしていない。

無責任で軽やか、いやもしかしたらスマートでドライなのかもしれない。情事から情事へとそのことだけに没頭しているように見えて底の方では、ふっとシラけている。まあ、現代で新しがっているようなことが七百年前のここに、ちゃんとそろっているのだ。もし二条が、冥土からふらりと戻って来て、現代の若者の行状を見たら、

「あんたたち、そんなことで新しがってるの、オホホホホ」

と笑いとばすかもしれない。

たしかに——。性というものの世界にさほど新しいことは生まれないもののようである。

さて、その後二条はどうしたか。自分でははっきり書いていないが、当時皇位継承をめぐってライバル関係にあった亀山上皇（後深草の弟）などからも誘いをかけられることがあったらしく、それが理由かどうかはわからないが、後深草の皇后、東二条

院に憎まれて御所を出される。

さてこそ罪の報い——。と見えるが、そうなればなったで、さっぱりと出家し、鎌倉に、信濃に安芸にと放浪の旅に出る。放浪といっても乞食旅行ではないし、行く所で手厚くもてなされたりして、なかなか優雅なものだ。経済的にもかなり余裕があったのだろう。

諸国をひとめぐりして戻って来たとき、二条は偶然後深草に再会する。

「そういう姿をしていても、やっぱり誰か身のまわりにはいるのだろう」

と、言われて、

「そんなことはございません」

などと答えているが、後深草がこの世を去るのはそれから間もなくのことだ。御所へ入ることを許されない二条は、葬送の夜、柩《ひつぎ》を追って泣きながら走り続けるが、いつか行列から取りのこされ、夜明けにやっと火葬の地に辿《たど》りついて、わずかに煙の立昇るのを見送る。最後の瞬間に彼女が後深草の淡々とした水のような愛を知るこのあたりはなかなか神妙である。多分後深草は、やんちゃな妹の、手のつけられない、いたずらっ子ぶりを苦笑するような思いで彼女をみつめていたのかもしれない。とすればこれも一つの大人の愛のありかたというべきだろうか。

ともあれ、女流の書き手の少ないこの時代、彼女はなかなか興味のある恋愛遍歴を残してくれた。特にこれが偽らない体験報告であるという点、日本の女性もなかなかおやりになるのだという強力な証言をしているともいえそうである。

かといって、オミゴト、オミゴトと彼女こそ、性解放のヴィーナスなどとあがめ奉るのはどうだろうか。ここでもう一つのことをつけ加えておくと、彼女が恋愛遊戯に夢中になっているそのときは、蒙古が襲来したその時期なのだ。彼女はかなり長いこの作品の中で、その事には全くといっていいくらい関心をしめしていない。

一方では鎌倉幕府が、蒼くなって対策に苦慮し、九州では合戦も行われている、というその時期に、この政治オンチはどういうわけか。彼女一人を責めるわけではないが、これは当時の宮廷のおかれた位置を如実にしめしているとはいえないだろうか。当時の朝廷は政治的には殆ど無力だった。亀山上皇はこのとき「敵国降伏」の額を書いて祈念しているが、当時の天皇及び朝廷のできることはそのくらいだったのである。

政治的に浮き上った存在は、必然的に社会に無関心になり無責任になる。それが続けばどうなるか、せいぜい関心を持つのは、セックスくらいになってしまうだろう。「とはずがたり」はそのいい見本でもある。

そして、そのことは、彼女の性のアバンチュールの大胆さ以上に、現代の我々に問題をなげかけてはいないだろうか。

常盤御前――作られた美談のヒロイン

ここにあげようとする女性は、これまで書いて来たおそろしいばかりの愛憎にのたうった女性とはおよそタイプがちがっている。

彼女は、幾人かの男に愛された天下の美女だった。が、彼女のほうは、いったい彼を愛していたのかいないのか、まったくわからない、というなまぬるさなのだ。が、そのなまぬるさのゆえに、彼女は日本女性史に輝く美談の主となった。してみると女性の美徳とは何なのか。激しく愛したゆえにきらわれ、なまぬるさのゆえにほめられるとすれば、女たるもの考えざるをえない。この重大な問題を提起してくれるのが、源平争乱の世を生きた常盤御前《ときわごぜん》なのである。

もっとも、常盤御前に人気があるのは、彼女が敵に身をまかせることによって、わが子の命を救ったからだといわれている。

たしかに、今までの言いつたえでは、源平合戦のあと、彼女は三人の子供を救うために、夫の源 義朝《みなもとのよしとも》を敗死に追いやった平清盛に身をまかせたということになっている。しかもそのとき助けられた子供のひとりが、有名な源義経なのだから役者はそろっている。

が、この「美談」をよくよく点検すると、だいぶ、まゆつばものらしいのだ。どこがおかしいかをお話しする前に、ちょっと彼女のたどった道をふりかえってみよう。

残念ながら、彼女の氏素性はわからない。ごくありふれた庶民の娘、ただし、とびぬけて美しかったらしい。コンテストでもあったら、ミス・日本はまちがいなしだったと思われる。が、そんなもののなかった当時では、賞金何十万と自家用車をせしめて一躍スターの座へというわけにもいかず、まずは、つましいOLぐらしであった。

勤務先は近衛天皇の后の住む九条院、庶民の娘にとっては、かなりいい就職口だ。みめかたちのよさを買われてのことであろうが、それとても役目は雑仕女《ぞうしめ》、ほんの雑用、下働きにすぎなかった。まだ十二、三というのに、彼女の美貌は、九条院に出入りする男の目をひいた。結局、この美少女を射とめたのは三十男の源義朝——関東の武士団の総大将のむすこである。いなか育ちだが、武力は持っているし、財力も乏しくはない。この数年、朝廷でもかなり存在をみとめられている成長株だ。

都の貴公子よりもこうした男を選んだあたり、十三、四の少女とは思えぬ才覚だが、それには、おそらく母の指図《さしず》もあったのではないか。彼女の父はわからないが、年老いた母がいたことはたしからしいから……。

やがて彼女は十五歳で男の子を産む。ローティーン・ママである。この長男が今若、つづいて次男が乙若、三男が牛若、二十をいくつも出ないうちに三人の子持ちになった。

もとより正室ではない。義朝の本拠は関東で、そこでも子供を作っているし、都に上る道すがら、遠江《とおとうみ》の池田の宿《しゅく》の遊女にも子供を産ませている。当時の習慣では、数多い愛人の中でいちばん家柄のいい娘が正室となり、そこに生まれた子が年齢にかかわらず嫡男となるのだが、義朝の場合は、正室は熱田《あつた》神宮の宮司藤原季範《ふじわらすえのり》の娘で、そこで生まれた頼朝が嫡男だ。氏素性もわからない九条院の雑仕女の産んだ男の子などは、これに比べればてんで問題にされない存在だった。そのころは子供たちはそれぞれ母の手元で育てられていたから、お互い顔も知らなかったにちがいない。

三男牛若を産んだ平治元年（一一五九）の暮れ、常磐の運命は一変する。「平治の乱」が起きたのだ。

彼女の夫、源義朝は、事件の火つけ役のひとりだったが、相手方の総大将、平清盛と戦ってあえなく敗死、彼女とその子供たちは、とたんに戦争犯罪人の家族として、きびしい探索をうけることになる。生活の安定した頼もしい永久就職先と思われた夫は、とんでもない爆弾男だった。

　それからいよいよ、おなじみの逃避行がはじまる。赤ン坊の牛若をふところに、今若、乙若の手をひいて、清水寺へ、さらに伯父を頼って大和の竜門へ――。ころは二月、子供をつれて雪の中を行きなやむ名場面は、古来よく絵にかかれている。

　平家方の侍は留守宅にふみこみ、常磐の母をとらえて、娘のゆくえを白状させようとする。が、母は娘の身を思って必死に黙秘権を行使、やがてそのうわさは常磐のところへも伝わって彼女を悩ませる。

「おかあさまには何の罪もないのに……」

ついにたまらず、子供をつれて自首する決心をして上京し、清盛に訴える。

「母はこの事件には何の関係もないのですから、お許し下さい。子供は謀叛《むほん》人の血をひいておりますから、むりに助けて下さいとは申しませぬ。が、子供を失えば、私は生きているかいもございませんので、まず私を殺してから子供をどうなりとして下さいませ」

　その親子の愛と彼女の美貌にひかれて、清盛はまもなく彼女を愛しはじめ、母と子を許したというのである。

これが本当なら、まさに彼女は身をもって母と子の命を救った烈女だ。が、これはあくまでもオハナシであって、じつをいうと、別に彼女が清盛の前に身を投げださなくても、子供たちは助かったらしいのだ。

何よりの証拠には、子供たちの異母兄、頼朝がまず助かっていることだ。彼は先に書いたように義朝の嫡男で、しかも正式に戦いに参加しているそれが助かって、雑魚《ざこ》にすぎない妾腹の三人が殺されるわけはないではないか。

少し意地悪い言い方をすれば、彼女が清盛になびいたことと三人の子供が助かったことは何のカンケイもない。

美談はむなしく蒸発した。何のことはない。彼女は夫を殺した憎いやつに、おとなしく身をまかせただけではないか。もし、ほんとうに夫を愛していたら、憎い奴のの、ど、ぶ、えにくいついてやるところなのに、彼女はそれをしなかった。これでは義朝はうかばれない。

「おいおい常磐、そりゃあんまりムシがよすぎるぞ。お前はそんな女だったのか」

と、きっとあの世で地団駄《じだんだ》ふんでいたことだろう。たしかに義朝の「夫権」は完全に無視されている。してみると、夫権の弱かったのは別に現代だけではないらしい。

が、夫権のために耳よりな話もないではない。「常盤と清盛の関係はうそかもしれない」という説もあるからだ。おやおや、それではこれまでのことは全部オハナシなのだろうか？

「常盤御前と清盛の関係は、真偽いずれともたしかめがたい」と言われるのは、歴史学者安田元久氏である。今まで二人の関係を裏づける根拠となっていたのは「平治物語」のほかに「尊卑分脈《そんぴぶんみやく》」という系図の本である。これをみると清盛と常盤の間には、廊《ろう》の御方《おんかた》とよばれる娘が生まれていることになっている。この女性は和琴の名手で、また書もたくみだったそうだ。

ところが安田氏は、この「尊卑分脈」じたいが南北朝末にできたものだから、あてにはならないと言われる。おそらく「平治物語」を読んでいた誰かが、その話をヒントに系図の中に常盤の子と書きたしたのではないか、というのである。

もしこれがほんとうなら、常盤は、夫の敵に身をまかせたずうずうしい女という汚名だけはのがれることができるから慶賀のいたりである。しかし、それと同時に身を捨ててわが子の命を救った美談もこれで完全にご破算になってしまう。つまり、どっちにころんでもこの美談はどうもかげが薄いのだ。

では、正真正銘の常盤はどうしたか？　あまりはっきりしたことはわからないが、平治の乱の数年後、藤原長成《ふじわらのながなり》という中流貴族と結婚した。これについては義経がのちに頼朝に対面したとき「継父長成に養われて」と言っているから、まずたしかであろう。常盤は長成との間に何人かの子を産んでいる。そのころまだ幼少だった牛若は、鞍馬寺にあずけられるまでの短い期間、この異父弟妹と仲よく遊んだと思われる。

この異父弟のひとりは、のちに牛若が頼朝にさからって旗あげしたとき、宮中の侍従の職を投げすてて、兄義経とともに都落ちをしているが、このときも常盤は、娘といっしょに鎌倉方の侍にとらえられた。

「またしても、平治の乱の二の舞か」

内心ぎくりとしたかもしれないが、今度はそれ以上のことは起こらなくてすんだようだ。彼女をとらえた侍は、

「そちらへ送りましょうか」

と鎌倉へ聞きあわせているが、その後送られた気配のないところをみると、無罪放免になったのだろう。もっとも私の住んでいる鎌倉には常盤という地名があって、ここに常盤御前が滞在していたといっているが、これは伝説にすぎないようだ。

ところで、義経と行動をともにした弟は、のちに都にもどり、許されて従三位まで出世し、七十五歳まで生きている。おそらく常盤は、これらの子供の世話をうけて、

平穏な晩年をすごしたものと思われる。

さて、まゆつばの美談をはがしてみると、常磐の値打ちはだいぶ下落する。だいたい母親が子供のいのちをかばうのはあたりまえで、空襲や引揚げの時には彼女の雪中行軍もどきのことはだれでもやったではないか。もし清盛との関係がほんとなら、その貞潔度は割引きしなくてはならないし、それがうそだとしてもとりたてていうほどの烈女でもない。

つまりあたりまえの女なのである。ただ、義朝、義経、清盛と登場する脇役がスターぞろいだったおかげで、なんとなく、本人までもスターになってしまったのだ。

ママゴン列伝

淀君——豊臣家の猛母

このところ、教育ママへの風当たりはめっきり強い。中には戦後の産んだ大罪の一つのようにいう人もある。だが、ほんとうに教育ママは戦後の悪現象なのだろうか。

まず、戦前の修身の教科書を思いだしてみよう。

「孟母《もうぼ》三遷《さんせん》の教《おし》え」

というのがあった。中国の大学者孟子は、子供のころ墓場の近くにすんでいたので、葬式のマネばかりして遊んでいた。これではいけないというので、孟子の母は市場の近くに引っ越した。すると孟少年は、こんどは「売った買った」と商売のマネばかりする。これも教育上よろしくない、というので学校の近くに移ったら、やっと勉強が好きになったというオハナシ。まさに越境入学そこのけの涙ぐましさではないか。

日本にもこわい教育ママがいた。中江藤樹《とうじゅ》という学者が、勉強のなかばで故郷へ帰って来ると、その母は雪が降るのにとうとう家に入れなかったという。新井白石の母も大変な賢夫人で、学問から囲碁将棋の手ほどきまでしてやった。

こう書けば反論もでるかもしれない。孟子や藤樹の学問は純粋な学問だが、今の教育ママは出世のための学問しか考えていない、と。

しかし、孟子の学問も出世のためでなかったとはいえない。貧しい家の子、孟子は、この学問のおかげで、弟子をひきつれ自家用車をつらねて諸国を遊説する大センセイになりおおせた。さしずめ今なら経営セミナーにとび歩く先生というところだろうか（その説くところがあまり実用的でなく、実際に役立たないあたりも、どうやらそっくりである）。

新井白石も学問のおかげで、浪人のむすこから、千石取《せんごくど》りの将軍の顧問格に出世した。チナミに彼が勉強中眠くなると冬でも水をかぶってがんばったのは、なんと九歳の時である。いくらなんでも現代は、九つの子が水あびをするほどキビシクはない。してみると、受験地獄の、つめこみ主義のというのは、少し騒ぎすぎではないだろうか。

もっともこれらは成功例だが、昔でも教育ママの度がすぎて失敗した例もないではない。そのチャンピオンとしてここにご推薦申しあげるのは、かの有名な淀君《よどぎみ》——豊臣秀吉夫人で秀頼の母となる女性である。

これにも異論が出そうだ。

「淀君ってもっと虚栄心が強くて、権勢欲が強かったのじゃないかしら」

が、じつは、これは徳川時代に作られたイメージにわざわいされているのだ。何しろ徳川は豊臣を倒して政権を奪ったのだから、豊臣方のことは悪くいうにきまっている。

その色めがねは、もうそろそろはずしてもよいころだ。そうして彼女を見直すと、意外に権勢には無関心である。その証拠に、ただのマダム・トヨトミ時代の彼女は、夫の秀吉のやることに、何ひとつ口出ししていない。が、いったん母親になると、がぜん彼女は急変する。「女は弱し、されど母は強」すぎたのである。

淀君——本名はお茶々という。永禄十年（一五六七）生まれというから、かれこれ四百余年前のことだ。

父は近江の小谷《おだに》の城主浅井長政、さしずめ今ならベストテンすれすれの大企業主の令嬢というところだが、その少女時代は必ずしも幸福ではない。七歳の年に、小谷城は落城してしまうのだ。企業倒産である。

父は自害、皮肉なことに攻め手は母の兄、織田信長だった。もっともこうしたことは、戦国時代にはよくあった。落城に際し、彼女の母のお市の方や妹たちとともに、織田の陣営にひきとられる。

このとき男の兄弟はひそかに身をかくすが、後で見つけられて惨殺される。このとき手を下したのが信長の将、木下藤吉郎の部下だった。

お茶々たちはその後、伯父信長の清洲《きよす》の城ですごすことになるが、ほぼ十年後の天正十年に第二の事件がおこる。信長が明智光秀のために、京都の本能寺で殺された

――またしても企業倒産！

保護者を失ったお市の方と娘たちは、とたんに生活の安定を失う。事件後半年もたたないうちにお市の方がお茶々たちをつれて、信長の有力な部下、越前北庄《きたのしょう》（福井市）の城主柴田勝家にとついだのは、やむを得ざる永久就職であったのかもしれない。が、なんと運の悪いことか、その就職先も永久どころか翌年には倒産する。就職した会社が次々とつぶれてしまう人がいるものだが、お茶々母子の姿はそれに似ている。

柴田勝家を攻めたのは羽柴秀吉、もとの木下藤吉郎だった。じつはこの男、お茶々の母、お市の方に恋いこがれていたのだという。それで浅井落城のときのように母と娘を救い出そうとしたのだが、今度はお市が承知しなかった。彼女は夫とともに自害し、お茶々たち三人だけが秀吉の手に渡された。

こうした長い、いきさつの後、お茶々はまもなく秀吉の側室となる。思えばかつて弟を殺した男の寵愛《ちょうあい》をうけるのだから、縁とはふしぎなものである。

秀吉にはこのほかにもたくさん側室がいたし、だいいち長年つれそったおねねが、正室北政所《きたのまんどころ》としてデンとかまえているから、お茶々の心は平らかではなかったかもしれない。

やがて彼女はみごもった。五十二歳まで子供のなかった秀吉にとって、これは奇跡的なことだ。天下一頭のいい男、秀吉はとたんに親ばかになり、と同時に彼女はがぜんツヨくなる。お茶々がむりにねだって淀に城を作ってもらうのもこのころだ。大坂城には正妻のおねねがいる。そんな所で子供は産みたくない、というところだったのか。以来お茶々は淀どのと呼ばれるようになるのである。

不幸にしてこの子は早死するが、まもなく二人目（のちの秀頼）が生まれることにより、秀吉はさらに親ばかになり、彼女はいちだんと猛母になる。

秀吉の秀頼に対する親ばかは天下一品だ。死期のせまったとき、くどいほど、

「秀頼をくれぐれも頼む」

と言いおいていったのは、あまりにも有名である。

さて、秀吉の没後、お茶々の目には秀頼しかなくなる。秀頼が大坂城のあるじにな

ると、ぴったり彼によりそって離れない。しぜん、政治の表面にも顔を出すが、あくまでも秀頼の利益代表、いわばPTAとしてのご発言だ。

彼女が権勢欲の権化だったらこうではあるまい。むしろ子供などほうっておいて、権力遊びに熱中するはずだが、彼女にはそんなところはない。

というより、むしろ彼女は権謀オンチである。秀吉の死後間もなく、最大のライバルだったおねねを大坂城から追出してしまったなどは、政治家としては最大の失点であろう。おねねは、表向きには、秀頼の嫡母ということになっている。秀吉は一応彼女の顔を立てて、秀頼に「まんかかさま」と呼ばせていたくらいなのだ。

それがしゃくにさわったからこそ、お茶々はおねねを追出してしまったのだろうが、秀吉の死後、不安定な時期にこうしたやり方はすこぶるまずい。現代の歴代内閣だって、長持の秘訣は、最大のライバルを閣内に抱えこむことではないか。それを閣外に出してしまったらどういうことになるか。この際少しの不愉快はがまんして、北政所を立てておけば後であれほどみじめなことにはならなかったはずである。

しかし、彼女は、政治家であるより母でありすぎた。秀頼を独占したかったのだ。何ごとも秀頼第一――。しかもそのやり方が、すこしガメツすぎた。

――人はどうでもよい。わが子さえよければ、あとは知っちゃいない。

　それが露骨すぎるあたり、なにが何でも一流校へとはりきる行きすぎママに似ている。

　たしかにお茶々が秀頼に期待したのは、エリート中のエリートコースだった。有名幼稚園からナダ校、東大などというケチな夢ではない。日本でたった一人だけというエリートコースつまりパパ・ヒデヨシと同じ関白になることであった。それどころか、彼女はパパ以上のものをむすこに望んでいた。

「おとうさまは偉かったけど、ほんとうのことといってガクがおありにならなかったわ。あなたはそれじゃだめよ」

　というわけで、秀頼にガクを要求する。与えたのは「樵談治要《しょうだんちよう》」といういわば帝王学の書。室町時代に、一条兼良《かねら》という学者が、将軍足利義政《あしかがよしまさ》の夫人、日野富子にたのまれて、その子義尚《よしひさ》のために書いた「お心得」である。このへんに目をつけるあたりは大したもので、今ならカントを原書で読め、と督励するようなものだろうか。

　まさしく秀頼は彼女の夢だった。ガクあり権力あり——理想の男性になるべき掌中の玉だった。もっとも、あんまり大事にしすぎたので秀頼は超肥満児になってしまい、馬にも一人では乗れなかったという話もあるから彼女の育児法はどうもやぶにらみだったようだ。

いや、それより、彼女は秀頼の教育において決定的なミスをしている。

「カエルの子はカエルになれるが、太閤の子は太閤になれるとは限らない」

ということに気づかなかったのだ。秀頼は秀吉と似ても似つかないボンクラであることを見ぬく冷静さにかけていた。今歴史をみれば自明の理であるそのことが、彼女にはわからない。現代だってよくあることだ。社長の子が社長にむかず、東大出の二世は必ずしも東大にはいれないのに、それに気づかないママが何と多いことか——。

やがて彼女は挫折《ざせつ》する。関ケ原でおねねに手痛いしっぺ返しをうけたことは、いずれふれる機会もあるだろう。それにつづいて、大坂冬の陣、夏の陣——徳川方と戦ってはことごとく敗れて、遂に秀頼とともに火の中で自殺してその生涯を終える。一生落城につきまとわれた女性にふさわしい最期である。

実はこの前に、家康は、秀頼が大和一国でがまんするなら命を助けてやろう、といっている。狸オヤジの真意のほどはわからないが、もしそれがホンネだとしたら、案外そのあたりが秀頼の能力にふさわしかったのではないか。が、わが子を愛したあまりその才能を過信した母はついに自滅の道を選んだ。

過当な期待でわが子を押しつぶす——そんなおろかさはお茶々一代でたくさんだ。四百年後の現在までくりかえしたくはないものである。

橘三千代――日本一の売り込みママ

「子供を出世させる法」

もし、現代に彼女が生きていて、こんな本を書いたとしたら、絶対ベストセラーになることはまちがいない。

何しろ男の子は大臣に、女の子は皇后に、そしてその子は天皇に、ほかの子たちもほとんど落ちこぼれなく、かなりのところまで出世させているこのみごとさ！　それではかなり幼少時から才能教育でも仕込んだのかというとさにあらず、淀君に見るような教育ママ的な気配は全くない。

子供をここまで売りこんだのは、彼女の力量一つ。女の魅力とコネを最大に利用した結果にほかならない。正直言って、息子・娘のすべてがダイヤモンドであったとは言い難い。どの一人をとっても、この大型ママを凌ぐ才能があろうとは思われないのだが、それでも、それぞれいい線までいったのは、ひとえに土塊《つちくれ》を金と言いくるめるほどの彼女の腕のおかげである。

この大型ママの名は橘三千代《たちばなのみちよ》――。活躍したのは天武朝から聖武朝まで、つまり高松塚成立前後ということになる。と聞いて、

「がっかり。そんな昔のことじゃ参考にならないわ」

と思われるか、あるいは、

「ああよかった。お色気やコネをふりまわすヒトが今生きていなくて」

と思われるかは、世のお母さま方の御随意である。

ところで、彼女の「橘」という姓は、生まれながらのものではない。どういう経緯でそう呼ばれるようになったかについては、また後でふれることになるが、もともとの姓は、県犬養《あがたいぬかい》という。正確な生年はわからないが、この県犬養という家は、もともとは天皇家の屯倉《みやけ》や大蔵の番をする、大した家柄ではなかった。が三千代の生まれた直後に起こった壬申《じんしん》の乱で一族が天武側について手柄があったことから、段々頭角を現わして来た。その意味では、彼女はじつにタイミングのよい生まれ方をしたというべきであろう。

彼女が結婚したのも、幾つのときかは正確にはわからない。相手は敏達《びだつ》天皇四世の

孫美努王《みののおおきみ》で、天武十三年（六八四）長子葛城王《かつらぎ》を産んでいる。このことから、歴史学者 黛《まゆずみ》弘道氏は、「この年を三千代十五歳とすると、彼女の生まれは天智九年（六七〇）ということになる」と推定しておられる。

もっとも、皇族の一人と結婚したからといって、彼女にとっては格段の出世ではない。王と名乗る連中は、そのころは掃いてすてるほどいたし、彼らは必ずしも豊かならず、かつ高貴ならず、美努王も御多分に洩れず、それらパッとしない王族の一人にすぎなかった。

が、この結婚及び出産を彼女はみごとに活用し、その前年に生まれた天武の皇孫、軽皇子《かるのみこ》の乳母兼御養育係になってしまうのだ。そしてこの軽皇子こそ、のちに持統女帝の後を継ぐ、文武天皇その人なのである。これは、すでに県犬養氏が、天皇家の側近になっていたからでもあるが、軽皇子の誕生の折も折、子供を産んで、乳母になるとは、なんというタイミングのよさであろう。

ついでにちょっと軽皇子のことにふれておくと、皇子の父は、天武と持統女帝の間に生まれた一人息子の草壁皇子だ。天武の後に当然皇位につくはずだったがその前に早死してしまったので、それまで称制《しょうせい》といって、天皇代行をつとめて来た母の持統が軽皇子が大きくなる日まで皇位につく、といういきさつがあった。つまり軽皇子は、天皇家の一粒種として即位を待望されていた金の卵なのである。三千代がこの御養育係となるということの意味はかなり大きい。

多分彼女はよく気のつく、御養育係としては打ってつけの女性だったらしい。たちまち祖母である持統女帝、その妹で故草壁皇子のおきさきだった阿閉《あべ》（阿倍）皇女（軽皇子の母）やらの信任を得て、宮中ではなくてはならない人間になってしまった。その間も、もちろん美努王との関係は続いていて、佐為《さい》王と牟漏《むろ》女王を儲けている。

軽皇子が待望の皇位についたのは、多分三千代が牟漏女王を産む二、三年前だったらしい。天皇の御乳母どのとして三千代の権威もいよいよ高まったが、そのころ、彼女には新しい恋人ができた。そしてこの恋人こそ、奈良朝政界最大の大物、藤原不比《ふひ》等《と》なのである。

恋の愛のといっても、御両人すでに若くはない。不比等は四十前後、男の子四人の父親である。一方の彼女も二十七、八。当時の常識からみれば、決して若いとはいえない。かといって、片や政界の大物、片や人妻で後宮の実力者。単なる気まぐれの火遊びでもなさそうだ。

とすれば、残るは欲の道——。どうみてもそれしかなくなるが、両者とも大物だけあって、その欲の方も国家的スケールのみごとさだった。

たとえば、不比等が狙ったのは、即位した文武帝へのわが娘の売り込みだった。彼は賀茂比売《かものひめ》という妻との間に宮子という娘があった。この娘を文武の許に侍らせる前か後に、彼は三千代と交渉を持ったらしい。とすれば、むしろメリットは不比等の方にあったことになる。

「娘をよろしく頼むよ」

愛の囁きの合間に、彼はぬかりなく三千代に頼みこんだであろう。

三千代にしても、目下売出し中の大型成長株である不比等に渡りがつくのは、願ったり叶ったりだ。

「ほんとに帝のお力になって下さいませね」

かくて、国家的スケールの色と欲との二人三脚が始まるのである。

ここで問題になるのは三千代の夫美努王のことだ。

——彼とはいったいどうなってンの。

野次馬としては、そこが聞きたいところである。じつは先にのべた三千代と美努王の三人目の子、牟漏女王は、文武朝の二、三年ごろ（六九八、九）の生まれだろうという説がある。このころには宮子は文武帝の後宮入りしているので、不比等が宮子の入内《じゅだい》工作のために三千代に近づいた、という設定は成り立たなくなってしまう。が、もし三千代との関係を宮子入内前後とすると、この期間、三千代をめぐる二人の男性は微妙に交錯することになって来る。

が、じつはそんなことに一々こだわるのはおかしいのである。当時は結婚したといっても、夫婦が同居しないのが常だから、いってみれば、「結婚」は夫婦が夜を共にしている間だけ成立するという、すこぶる不安定な、一面自由なものであった。男の方も別の女の所へゆくかわり、別の男が女の許に来る可能性だってないわけではない。それがとりたてて不道徳だということにはならなかった時代なのである。宮中でしばしば顔をあわせるうち、三千代と不比等の仲は深まり、あまり働きのないもとの御亭主、美努王とはいつか切れてしまった、と見るのが自然であろう（美努王自身はその後十数年生きているが大した出世もせずに終っている）。ただ、大宝元年（七〇一）には三千代は不比等の子を産んでいるから、結ばれたのはその前の年を下ることはない。道学者的に考えれば牟漏女王の誕生を六九七年ごろにし、その後宮子の入内をめぐって不比等と交渉ができた、とすれば、つじつまがあうわけだ。御本人たちが死んでしまって証言が得られない以上、これ以上のせんさくはしても仕様がない。

それよりも注目したいのは、この不比等との間の子供である。安宿媛《あすかべひめ》と名づけられたその娘こそ、のちに聖武天皇のおきさきになる光明皇后なのだ。しかもこの聖武帝は文武と宮子の間の皇子の首《おびと》で、安宿媛と同い年に生まれている。つまり不比等は娘を文武帝に入れて皇子を産ませると同時に、手廻しよく、そのおきさき候補を三千代に産ませているのだ。三千代にとってもまさに御損のない結婚だった。

多分、三千代は、手塩にかけてお育てした文武に引続き、新皇子首にも乳母として仕えたに違いない。そうすれば、しぜん同い年である安宿媛は、乳姉妹のように新皇子に近づく機会があったはずだ。その間に三千代が遠大な計画を抱きはじめたであろうことは想像がつく。売りこみというのは、一朝一夕にはいかないものだ。根廻しがなければ成功しないということを証拠だてるようなこの手の打ち方には感心するが、それにしても、何とタイミングよくおきさき候補をみごもったものか。このあたりは、まさに神技というよりほかはない。

しかしながら事はスムーズに運んだわけではない。まもなく持統前女帝が死ぬと、その後を追うように期待の文武帝も二十五歳の若さで死んでしまう。まだ宮子の産んだ皇子は小さいので、文武の生母阿閉皇女が代りに即位し、元明女帝となり、次いで娘の氷高皇女がその後をつぐ（元正女帝）といったややこしい大廻りをしたあと、やっと二十四歳になった首皇子が即位する。これが聖武帝である。二十四まで即位できなかったというのは藤原氏出身の宮子の産んだ皇子ではなかなか皇位につけない事情があったのだろう。

が、即位はともかくとして、首皇子が十六になったとき、三千代の産んだ安宿媛はめでたくそのおきさきになっている。実はそれ以前、元明が即位してまもなく、三千代は特にこれまでの忠勤の功によって、特に橘宿禰《すくね》という姓を与えられた。これは県犬養の姓では出世も知れているので、彼女だけ特別待遇を与えられたのであって、夫の不比等の父鎌足が、中臣氏《なかとみ》から特に切離されて藤原の姓を与えられたのと同じ意味を持つ。いわば、彼女は女鎌足なのである。これも自分の産んだ娘を皇子に侍らせるための下工作と言えないこともない。持統―元明―元正という女帝グループには、

「女は女同士」

というやり方でとことんまで近づいた感じである。こうしたコネと不比等との二人三脚を続けてみごとにゴールイン！　安宿媛の売り込みはめでたく成功する。

もっとも頼もしきパートナー、不比等は、まもなく、聖武即位を見ずに死んでしまうが、これでへこたれる三千代ではない。むしろすご腕を発揮するのはこの後で、安宿媛を皇后にするべく暗躍する。これに反対した長屋王がでっちあげ事件で失脚することについては、別項、光明皇后のところでふれるが、これも、あるいは演出は三千代かもしれない。ちょっとつけ加えておくと、この長屋王の妃のひとり、吉備《きび》皇女は、

元正女帝や文武天皇の姉妹であるが、この事件に連坐して自殺している。先の女帝グループには最も親しいはずのこの皇女のことを、あえてそこまで追いこんでいるあたりに、

「コネはコネ、ライバルはライバル」

と割切っている三千代の生活信条がのぞいている。

安宿媛は藤原氏出身のおきさきとして最初に皇后になる。これまで、天皇家の血筋でなければ皇后になれないという原則は、ここで破られた。そしてこの光明皇后の産んだ皇女が即位し孝謙女帝となるのだから、三千代の血は、皇統の中に注ぎこまれたわけである。

が、三千代は、安宿媛にだけ熱中して、美努王との間の子供を忘れたわけではない。便宜上、第三子の牟漏女王のことから始めると、彼女は、この娘を、不比等の子の一人、房前《ふささき》に嫁がせている。彼は不比等の子の中でもなかなかの切れもので、元明上皇時代、内臣《ないじん》に任じられている。政治のポイントを握る役として祖父鎌足が任じられたことのある要職だが、これも、三千代の婿、牟漏女王の夫だからこその信任かもしれない。三千代はこの牟漏女王のことを、後宮における自分の後継者に仕立てあげようとしていたようである。この房前と牟漏女王の間には永手《ながて》という子が生まれる。ずっ

と後のことだが、彼も奈良朝の廟堂に活躍する一人である。

　また牟漏女王の兄にあたる葛城王も、藤原四兄弟と並んで参議になっている。だから見方によっては、奈良時代のある時期は、三千代の子あるいは義理の子で、朝廷の表裏のほとんどを独占していた、ともいえるのである。

　この大型ママが、子供たちの出世を見届けて永眠するのは天平五年（七三三）、死後従一位が贈られ、さらに二十数年後には正一位と大夫人の称号が贈られている。女性の臣下として位人臣をきわめたのである。このころの官位は、紙切一枚ではなく、これに見合う、経済保障（食封《じきふ》・資人《しじん》）がつく。これらを相続したのは葛城《かつらぎ》王である。彼は母の死後願い出て、母の姓の橘を継ぐことを許され、橘諸兄《もろえ》と名乗った。のちに彼は左大臣まで昇進している。もっとも、彼の子の奈良麻呂の代になると、反藤原の謀叛を企てて失敗しているし、諸兄の弟、佐為王も、橘佐為となったが、これも謀叛の罪で却《しりぞ》けられている。せっかく三千代が張りめぐらした網も死後はあちこち破れて来た感じがあるが、しかし、橘氏全体が滅亡したわけではない。その血筋からは、平安朝になってからも、檀林《だんりん》皇后・橘嘉智子が出ているし、源氏、平氏、藤原と並んで、その名は後世にまで及んでいる。いま国宝として残っている橘夫人念持《ねんじ》仏《ぶつ》は、蓮の台に阿弥陀三尊の乗ったいわゆる一茎三尊式、子供のような無邪気な微笑をうかべたかわいい白鳳仏である。娘の光明皇后の作った壮大な奈良の大仏とはまことに対照的なこのミニュアチュア仏だが、この仏の前にぬかずいた三千代の願いごとはミニュアチュアどころか壮大かつしたたかなものであった。

熊　姫——千姫伝説の演出者

「あ、一郎ちゃん、くしゃみしたわね。セーター着て行くのよ、きょうは」

「車に気をつけてね、横断歩道渡るときは、黄色い旗をもって渡るのよ」

「冷たいもの飲んじゃだめよ。じゃ早く帰ってらっちゃいね」

ママは一郎ちゃんのお出かけにいたれりつくせりの注意を与えている。

——たいへんだな、幼稚園へ通わせるのも……。

と思ってふいとふりかえると、出て来た一郎ちゃんは、なんと背広姿のレッキとしたサラリーマンだったりして、びっくりさせられるこのごろだ。

こうした過保護ママは大学入試はおろか、入社試験にまでついてゆくし、縁談への口出しだけでなく、新婚旅行にまでつきそってゆきかねない。

これぞ男性が女性化した昨今の、なげかわしい現象だとエライ方々はおっしゃる。

もちろん、私もナゲカワシイとは思うのだが、しかし、こうした世話焼きママは、何も戦後はじまったことではない。遠く三百数十年のその昔にも厳然と存在した。

その女性の名は、徳川家康の孫の熊姫――あまり聞いたことがない名前だが、当時はトップレディークラスのひとりだった。彼女は家康の側近の功臣、本多忠勝の息子、忠政に嫁《とつ》いだが、まもなくその子忠刻《ただとき》が生まれるにおよんで、猛烈な過保護ママに転身する。

しかも大物だけあって、過保護ぶりもなかなかスケールが大きい。おかげで世の中には、ひと騒動もちあがり、一人の犠牲者がでる。そして、その犠牲者こそ、かの有名な千姫なのである。

千姫――といえば、すぐ大坂夏の陣を思いだされると思う。徳川家康の孫娘で、豊臣秀頼と政略結婚させられた彼女が、大坂落城の寸前に助けだされたあの事件を……。

ここまでは、いかにも悲劇の女性だが、千姫の後半生はゴシップにみちている。

家康は、このとき大坂城内にあった千姫の身を案じ、

「だれか千姫を助け出すものはないか。ほうびに千姫を妻として与えるぞ」

と言ったという。その声に応じて炎の中から彼女を救い出したのが、坂崎出羽守《でわのかみ》で、本来なら、そこへ嫁ぐべきだったのだが、彼が、あまりにもイカさない男性なので、

「あんな男ではゼッタイいやよ」

と江戸へもどる途中、桑名の渡しで見そめた美男の本多忠刻——熊姫のむすこだ。当時本多家は桑名城主だった——へ嫁いでしまう。しかもその後、忠刻が死ぬと、江戸に帰って無軌道なボーイハントにあけくれ、そのうえ、うわさのもれるのを恐れて、相手になった男性を次々井戸に投げこんで殺してしまった……。

もしこれが本当なら、このシリーズの第一号にご登場願うべき千姫なのだが、じつは、この伝説、うそっパチである。私は史実第一主義なので、涙をのんでひっこめた。

では、なぜこんな伝説が生まれたか——そのなぞのカギを握るのが熊姫なのだ。

熊姫について語る前に、千姫のご乱行説が、いかにうそっパチであるかを申しあげよう。

まず、大坂城の落城のときだが、炎の中で彼女を助けたのが坂崎出羽守というのが、そもそも真相からずれている。

じつはそのとき、千姫をつれだしたのは、大坂方の堀内氏久という武士だった（大坂方に属していたにもかかわらず、彼がのちに旗本にとりたてられたのはこのためである）。

そこへ坂崎出羽守が通りかかった。彼と堀内氏久は旧知の仲なので、

「やあ、おまえか」

「やあ坂崎。千姫様をたのむ」

というようなわけで、家康のところへつれて行った。つまり坂崎出羽守は、世につたえられるように、涙ぐましい奮戦をしたわけではなく、ひどく偶然なことから、千姫をあずかったにすぎないのだ。

このとき、家康が「千姫を助けた者に嫁にやる」と言ったことはある程度事実らしい。もっとも「藩翰譜《はんかんぷ》」によると、家康は出羽守に、

「千姫の身がらはあずける。お前は都に知人も多いらしいから、適当な公家かなにか、嫁入り口を見つけてくれ」

と言ったのだという。この記事をそのまま信用もできないが、何しろ坂崎出羽守は、このとき五十以上で、千姫と同じ年ごろのむすこもいるくらいだから、そもそも彼女を嫁にするというのは、少しつじつまがあわないような気もする。

ところで、家康は、大坂夏の陣から帰ってまもなく死んでしまった。

「豊臣をやぶってしまえば、もう安心だ」

そんな、ほっとする思いが死をいそがせたのかもしれない。家康が死ぬと事態は一変した。口約束はかんたんに破られ、千姫は本多家に嫁ぐことになった。

おさまらないのは坂崎出羽守だ。どうやら、京都のしかるべき公家に千姫の話をしていたらしく、大いに面目を失い、

「それじゃあ約束がちがう。ようしそれなら是が非でも、千姫さまを奪いとってやる」

と反逆をこころみたが失敗する。このとき彼が自殺したというのはウソで、「自害すれば家を亡ぼさないでやろう」という幕府の内意が示されたので、家来が彼を殺して「自殺しました」と届けたというのが真相らしい。のちにこの事がバレて坂崎家はとりつぶされるのだが、ともあれ、たしかなのは、坂崎出羽守が千姫にからんだ事件で死んだということだけで、そのほかの部分はみな作り話だ。

桑名の渡しで本多忠刻を見そめたのもウソだし、ご乱行にいたっては大ウソだ。忠刻の死後、彼女は出家しているし、ボーイハントの根城だった吉田御殿というものの存在さえあてにならない。

「だって、吉田通れば二階から招く……っていう歌があるじゃないか」

とおっしゃるかもしれないが、それは、東海道吉田の宿の遊女をうたったもので、残念ながら吉田ちがいである。

ではなぜそうなったか——いよいよ熊姫にご登場を願わなければならない。

彼女は千姫を、かわいいむすこの嫁にほしかったのだ。何としてでも、是が非でも

……。ではなぜそんなにまで千姫をもらうことにやっきになったのだろうか?

「腐ってもタイ」

というコトワザがある。千姫はまさにそれだった。ほろびはしたものの、天下の豊臣家の夫人だった。しかも家康の孫であり、現将軍秀忠の長女だ。

これに熊姫は目をつけたのだ。

——あの娘《こ》をセガレにもらえばソンはない。

そこで、家康の死の直前、彼女は、息子をつれてその病床に押しかけて、強引に頼みこんだ。さきに書いたように彼女も家康にとっては孫娘——早死した家康の子、信康の娘である。

「ねえ、オジイチャマア。いいでしょ、お千をあたしのむすこにくださいな。ねえン」

おじいちゃんというものは、とにかく孫には甘い。しかも家康は、信康の一族には心の負い目がある。彼は、まだ東海の一大名にすぎなかった時代、当時の覇者《はしゃ》織田信長に迫られて泣く泣く信康を殺している。だから信康一族のことというと、豪毅《ごうき》な彼もつい涙ぐんでしまうのだ。

「ね、おじいちゃま、一生のお願いよ」

熊姫に泣きつかれると弱かった。

「うん、よしよし、だがなあ、坂崎との約束があるからなあ」

するとポンと熊姫は胸をたたいた。

「それなら大丈夫。まかせといて！」

私の想像では、家康の死後、彼女は猛然と噂をばらまきはじめたのではないかと思う。

——千姫と本多忠刻さまの縁組は大御所さまの御遺言だそうな。それに千姫さまが忠刻さまを見そめられて、あの方でなければいやじゃとおおせられたとか。

ほかのことを持ちだせば話ももつれるだろうが、

「何といっても千姫さまがその気なので」

こういわれれば二の句がつげない。坂崎出羽守は、おそらく、熊姫の作戦を見ぬいていたのではないか。無謀ともいえる反逆行為に彼の無念さがにじんでいるような気がする。

かくて千姫はめでたく本多家に嫁ぐ。それからまもなく本多家は姫路に移転するが、このとき作られた櫓《やぐら》は千姫の化粧料（持参金）で作られたというので千姫化粧櫓とよばれている。

毛ナミのよさに加えて、莫大な持参金をもって来た千姫。金ははいるし、セガレは将軍家の婿になるし——このままゆけば、過保護ママはまさにバンザイだった。
ところが何たることか！　最愛のセガレ忠刻は、この猛婦の期待にそえず、三十一の若さで早死してしまったのだ。どうやら彼は現代っ子さながらのモヤシむすこだったらしい。しかも千姫との間には、男の子は早死し、女の子だけしかいなかった。徳川の血すじを残そうという熊姫の苦心は水のあわとなった。
そして残ったのは——千姫のゴシップだけだった。忠刻に恋いこがれたというデマはいつか千姫をひとり寝のできない女にしたてあげ、かくて吉田御殿のうわさが生まれる。過保護ママにふりまわされた忠刻、千姫はお気の毒というよりほかはない。

春日局――疑似母性症

離婚は女にとっては、一大決心を要する大事業である。最近では、離婚後一人立ちする道もひらけたし、再婚もさほどむずかしくなくなったが、昔はなかなかそうはいかなかった。

しかし、江戸時代にも、自分のほうから、エイッとばかりに離婚を宣言したおかげで、幸運をつかんだ女性がいる。といって、私は奥様方に無責任に離婚をおすすめするわけでは決してないのだが、この女性こそ三代将軍家光の乳母《うば》として名高い春日《かすがの》局《つぼね》なのである。

彼女の本名はお福。その離婚の原因はご多分にもれず、夫の女性関係からだった。

もともと彼女は後妻で、夫の稲葉正成と先妻（死亡）の間には、すでに二人の子供がいた。そういう相手とでも結婚する気になったのは、彼女の家庭の事情からである。

彼女の父は明智光秀の家臣で山崎の合戦で討死している。つまり逆賊の家で世間の目は冷たく経済的にも苦しかった。

その上、彼女自身、天然痘《てんねんとう》をわずらって、ひどいアバタづらだった。種痘を知らなかったそのころは、天然痘は、ハシカ同様だれでも一度はかかるものとされていたが、なかでも、お福のはひどかった。

逆賊の家のアバタ娘――。

が、お福はその不幸にメソメソするどころか、かえって勝ち気な娘に成長した。

「くやしいっ、今にみておいで！」

が、この勝ち気もたたってか、なかなか縁談はころがりこんで来ない。そこへやっと持ちこまれたのが、母方の親戚《しんせき》にあたる正成の後妻の話だったのである。

さて、お福は正成夫人となって、三人の子供の母となる。

ところで彼女にとってがまんできなかったのは、夫が女中に次々と手をつけることだった。もっとも、これは当時としてはよくあることだから、正成のほうではさほど気にもとめなかったのだろうが、椿事《ちんじ》は、お福が三人目の子を産んで一月ほどたったときに起こった。

「ちょっとおいで」

正成の寵愛《ちょうあい》をうけている女中のひとりをなにげなく呼びつけたお福は、

「覚悟しや！」

いきなりその女を殺してしまったのだ。そのまま「もう家にはおりませぬ」と宣言してお福は子供をおきざりにして家をとび出してしまう。

なんという壮烈（？）なヤキモチ。おそるべき妻――。夫の正成は、離婚されてかえって胸をなでおろしたかもしれない。

が、この残忍さは、夫を独占できなかったくやしさの表れであり、その独占欲は、幼い時からつづいた欲求不満の裏がえしなのだ。そして、この独占欲が彼女の運命をきり開くのである。

夫の側室を殺して家をとび出したお福は、そのまま京へのぼった。そして彼女が町の辻にたてられた高札を目にしたことが、彼女の生涯を決定した。

「将軍家康公の嫡孫《ちゃくそん》竹千代君の乳母募集！」

子供を産んだばかりのお福はまさに有資格者であった。

「これだ！」

と思うと決心は早い。さっそく申し出ると即座に採用決定、ここにお福は新しい生活の第一歩をふみだすのである。

彼女は竹千代を熱愛した。憎らしいと思えば夫の妾を殺すこともやってのけるというのは、心が冷たいからではなくて、夫を愛しすぎていたからだ。そして報われなかった夫への愛のかわりに、彼女は狂おしいまでの愛情を竹千代にそそぎこむのである。あるとき竹千代が天然痘にかかると、彼女は薬断ちの願をかけ、ついに生涯薬をのまなかった。戦前はこれを「忠義」の見本としてほめたたえたが、これは、いまひとつ、女の心の底にいきづく、欲求不満のすさまじさを見落としている感じである。熱愛が深まれば深まるほど彼女は竹千代を独占しなくてはいられなくなる。

――私は若君のもの。そして若君は私だけのもの……。

と思ったとたん、彼女は目の前におそるべきライバルを見出す。家光の生母の、お江《ごう》の方――秀忠夫人だ。そしてそれを意識したとき、彼女の独占熱はさらにもえあがり、しだいに被害妄想に変わってゆく。

――若君を愛しているのは私だけ。御台《みだい》さまなんか、ちっとも若君のことを思っておいでにもならない。あの方のかわいいのは弟の国松さまです。御台さまは国松さまを将軍にしたいのです！

ここにおいて、敢然と彼女はお江に挑戦する。乳母が生母へ挑戦する――とはおろかな話だが、奇妙なことにこの勝負は、彼女が勝ったようである。

必死の覚悟で彼女は駿府《すんぷ》（静岡）に隠居している徳川家康の許へかけこみ、事の次第を直訴する。家康はそれを聞いて江戸へのり込み、竹千代をそばに招いて、やさしく菓子をあたえ、国松には近づくことも許さず、

「国、これ食え」

と菓子を投げてやった。

これで竹千代の跡目相続がきまった――というお福の手がらは大変有名だ。が、この話はすこしうますぎる。真相はもっと複雑で、当時有力家臣の間に竹千代派、国松派の勢力争いがあり、竹千代派がお福の盲愛ぶりを利用したのではないだろうか。

それにお江が国松を偏愛したというのにも疑問がある。彼女はもともと、はげしく自己主張するタイプではない。とすればお福は幻覚に興奮したこっけいな女ドン・キホーテということになる。

竹千代は元服して家光と名乗り、やがて父秀忠のあとをついで将軍になる。が、こうなっても、お福は終生世話をやきつづけた。

お福の目に映った第一の危険物は弟の忠長――かつての国松だ。いつまわりからかつがれて将軍乗っとりをはかるかもしれないというので、口実をもうけて彼につめ腹

をきらせてしまった。

表向きには、この事件とお福とはかかわりがないようにみえるが、いま鎌倉の東慶寺にのこる棟札《むなふだ》には、忠長の死後、彼の住んだ御殿を東慶寺に移したのは「春日局のおとりもちだ」と書いてある。

この国松の一件だけではない。家光にはホモ趣味があってはじめは女にあまり興味をしめさなかったが、お福はこれを知ると、伊勢の慶光院院主の尼僧を近づけて、たくみに女性開眼をさせた。

これをきっかけに、家光はがぜん女性への関心をしめしはじめ、無事にあとつぎも生まれた。こんなわけで、その後も数多い側女《そばめ》の進退は、お福の手に握られていた。ゆりかごから愛のベッドまで、さりとはゆきとどいた乳母どのではあった。

そのスゴ腕は、朝廷に向かってもふるわれた。

将軍秀忠時代のころ、彼女は上洛して後水尾帝《ごみずのお》に拝謁《はいえつ》している。「春日局」という名は、そのとき朝廷からもらった身分のある女官の名前で、うわべだけを見れば、「身にあまる光栄」というところだが、この拝謁には下心があった。お福はその席で、なんと、

「そろそろ、御退位を……」

とほのめかしたのだ。お福の政治力は男子そこのけと言うべきだろう。

〈追記〉執筆当時は、通説に従ってここまで書いてきたが、現在、これらの通説のほとんどが否定されようとしていることをつけ加えておきたい。

それによると、夫の浮気を怒って相手を殺して家を飛びだしたというのはウソ。都で将軍家の乳母募集の高札に応募したというのもウソ（乳母を高札で募集するようなことはない。コネを使っての就職である）。家光の生母お江に対抗意識を燃やし、家康に訴えたというのもウソ。そのため駿府まで走っていったなどは真っ赤な大ウソ。後水尾天皇に譲位を迫ったというのもウソ……。

後水尾は幕府と度々意見が対立し、怒って退位するぞ、と言ったことも何回かあった。そこにフツーの女であるお福が「春日局」などというエラソーな名前を貰ってしゃしゃり出てきて、

「御退位はしばらくお待ちを」

などと言ったのに激怒し、退位を敢行してしまうのだ。これまで、退位などについては、幕府と相談の上きめるしきたりになっていたのに、一方的な退位宣言に幕府はあわてふためく。その結果、後水尾と徳川秀忠の娘である中宮和子《かずこ》（さだ子という説もある）の間に生れた興子《おきこ》が女帝として異例の即位をすることになるが、その間の幕府の苦慮はひととおりでは

なかった。つまりお福は後水尾説得にミゴトに失敗したのである。

こうしてみると、お福の烈女伝説のほとんどがウソだったことになる。（もし機会があったら、拙作『異議あり日本史』（文春文庫）所収の「春日局」をお読みいただきたい）が、それでもお福が家光の忠実な乳母ドノであったことだけはまちがいない。家光のライバルであった弟の国松（後の忠長）を一生目の敵にしていたことは確かで、国松失脚にはお福の息子たちも暗躍している。

（二〇〇三年記）

強きもの——それは人妻

一豊の妻——超大型のスタンドワイフ？

わが子を名タレントに仕立てあげるのをステージママ、有名選手に仕立てあげるのをスタンドママとか言うのだそうである。してみると、無名の侍から一国一城の主《あるじ》に夫を出世させた山内一豊《かずとよ》の妻などは、さしずめ超大型のスタンドワイフというべきだろうか。

しかも夫をそこまで出世させるには、彼女のなみなみならぬ努力があった。

一豊が織田信長につかえて手柄をたて、やっと芽が出かかったころのことである。信長の住む安土《あづち》城下に名馬を売りに来た者があった。ひと目見て、一豊はその馬にほれこんでしまった。が、値段をきくと黄金十両だという。そのころとしては目の玉のとび出すほどの高値で、貧乏侍の一豊には手も足も出ない。

——ああ、金さえあったらなあ。

がっくりして帰って来て、妻にその話をすると、思いがけないことを彼女が言いだした。

「お買いなさいな、そんなにほしいなら」

「エ、エ、エ、だって、お前、家にそんな大金があるわけないじゃないか」

すると彼女はにんまり笑って、さて、愛用の鏡の箱の底から、ピカピカの黄金十両をとりだした。びっくりしたのは一豊である。

「こ、これは、いったい……」

「お使いくださいな、どうぞ。私のへそくりですけれど」

聞けば彼女が嫁入りするとき父親が、夫の一大事のとき使え、といって持たせてくれたものだという。

「へえ、それにしても、この貧乏所帯で、よくも手をつけずに来たものだな。こんな金があるなんて、一度も言わなかったじゃないか」

スゴイやつだな、お前は——つぶやきながら一豊は、その金をひっつかんでとびだし、無事に名馬を手に入れた。

それからまもなく、馬ぞろえ（観兵式）があり、一豊の名馬は早速信長の目にとまった。しかも、そのいきさつを聞くや、信長は、

「でかしたぞ、一豊。もし安土城下でだれもその名馬を買わなかったら、信長の名折れになるところだった。アッパレである」

とほめそやした。これがきっかけになって、一豊は信長に目をかけられ、トントン拍子に出世したという。

この話、戦前の教科書には必ず登場した。現代でも婦人雑誌の実話に応募したら、入選うたがいなしだ。

〝私はへそくりで夫を出世させた〟

たしかにすごい。が、私がスゴイというのは少し別の意味である。

彼女のスタンドワイフぶりはまだあるので、そのご紹介を続けよう。

ちょうど関ケ原の合戦のときだ。一豊は徳川家康に従って関東にいたが、大坂にあって西方の挙兵をいちはやく夫に知らせたのは彼女だった。一豊は早速これを家康に報告し、大いに面目をほどこした。この合戦で、ろくな武功もないのに、土佐二十四万石の大領主に出世したのは、このためである、ということになっている。

へそくりで名馬を買わせたり、敵の動きをスクープしたり、まさに山内一豊の妻は最高殊勲夫人のように思われる。

が、じつはこの有名なへそくり話、少しばかりあやしいのだ。というのは、信長が馬ぞろえ――観兵式を行なったのは天正九年（一五八一）なのだが、このときすでに一豊は二千石取りの武将に出世している。二千石も取りながら、妻のへそくりをあてにしなければならないというのはちょっとおかしい。

また一歩ゆずって、この話を一豊無名時代のこととしてみても、そもそも彼女が十両もの大金を持参金にもって来た、というのが眉ツバなのだ。というのは彼女の実父は浅井長政の家臣で、彼女がまだ幼かったころ戦死してしまっている。そんな家庭では、とうてい黄金十両を持参金にもたせてやる余裕はなかったのではあるまいか。

だいたい黄金十両というのはかなりの金額だ。山内一豊の研究家として知られる高知大の山本大《たけし》教授の説では米三十石ぐらいにあたるというから、標準米の値段にひきなおすと百数十万円になる。現代でも、なかなかこれだけの持参金を持たせてやるのはむずかしい。

いや、その時の十両は今の百数十万円よりも、もっと値打ちがあったのではないか。馬というのは現代のクルマにあたる。名馬というからには、ざらにある国産小型車ではあるまい。キャデラックかロールス・ロイスとすれば数百万円のお値打ちもの、ということになる。

――へえ、外車が買えるなんてたいした持参金ねえ！

と、正直いってシットと羨望《せんぼう》を感じざるを得ない。それより私がスゴイと思うのは、結婚以来その大金をジーッとあっためて来たという彼女のしたたかさである。私にはとてもそんなマネはできない。白状すると、今まで私はへそくりというものを持ったことがないのだ。もし持っていたとしても、貧乏ぐらしが続いたら、

「いいの、私、お金持ってるから」

とか何とかいって、ついつい、はきだしてしまったにちがいない。

それを貧乏生活をしながら、キャデラックの買えるくらいなお金を知らんふりして持っているなんて！　だいたい妻のへそくりというものは、せいぜい一万か二万がご愛きょうなのではないだろうか。数十万、数百万にいたっては、それはすでにイントク財産である。

女は夫に対してそんな秘密を持つべきなのか。彼女が貞女のカガミとたたえられたとは、戦前の教育はどこかまちがっていたのではないだろうか。

もちろんそのお金で自分のキモノや指輪を買うよりは、夫のためになるものを買った方がいい。が、やっぱりそれは制限付きの美談でしかない。むしろ私は、一豊夫人のために、そんな美談が事実無根であることを祈るものである。

へそくり事件があまりあてにならぬとすると、山内一豊の妻のスタンドワイフぶり

は、少し減点しなくてはならない。

さらに関ケ原の一件も、私には額面どおりうけとれないふしがある。一豊が徳川家康に従って関東にいたとき、大坂に残っていた彼女のところへ、大坂城内から「味方につくように」と勧誘状が来た。

が、彼女は、この書状に、

「こんなことを言って来ましたが、家康公への忠義が肝心。私の身の上はご心配なく。いざというときは自害しますから」

という手紙をそえて、夫のもとへ急送した。しかもこのとき、使いの者に「大坂方の手紙は封をきらずに家康公に差し出すように」という密書まで持たせたという芸の細かさだ。

一豊はその指示に従った。おかげで家康は大満足、一豊は掛川《かけがわ》五万石の城主から土佐二十四万石へとのしあがることができた。

これはなかなかのヒットである。が、当時妻子を大坂に残していた大名たちは、みな似たようなことはしたに違いないし、かなりスパイも入り乱れていたから、家康だって、何も一豊の妻から知らされるまでもなく、大坂の情報はすでに握っていたはずだ。

ではなぜ、彼女だけ脚光をあびることになったのか？　その裏にいるのは案外、夫の一豊ではないかと私は思っている。

彼はなかなかの要領居士《こじ》だ。いよいよ大坂方と合戦ときまったとき、同僚の堀尾忠氏に今後の方策を相談したら、忠氏は即座に言った。

「おれは自分の城を家康公に提供し、おれ自身は攻撃の先頭に立って大坂へ向かう」

なるほど、とあいづちをうった一豊は、そのあと家康の前に出て、忠氏が口を開く前に切り出したものだ。

「私は城を上様にあけわたし、戦《いくさ》の先陣をつとめまする」

まんまとアイデアを横取りされた忠氏は地団駄ふんでくやしがったという。

一豊はこんなところのある男だ。土佐二十四万石を手にいれたあと、

「あいつ、ろくな武功もないくせに……」

かげ口をきかれたとき、彼はおどけた調子ではぐらかしたのではないだろうか。

「いや、あれは女房のおかげでござっての」

そして、さらにこの話に尾ひれがつき、へそくり話を産みだした、とは考えられないだろうか。してみると、一豊こそはステージハズであり、スタンドハズだったことになる。

これは戦後流行した「恐妻病」に似ている。あれは敗戦で権威地に墜《お》ちた亭主関白

どもの、たくみなかくれみので、恐妻家たちはホントは妻のことなどをちっともコワイとは思ってはいないのである。それを錯覚して女が強くなったなどと思ったらとんでもない。奥様方は昭和の一豊公にご用心が肝要だ。

さて、一豊の城下高知には、戦前この夫妻の銅像があったが供出され、戦後は馬をひいた一豊夫人像だけが復活した。だんなサマは完全に無視された形である。が、案外、名スタンドハズ一豊公は、

「それでいいんじゃ」

とほくそえんでいるかも知れない。ちなみに、当の山内家には、一豊の若いころの貧乏話は残っているが、馬の話は伝えられていないそうである。

秀忠夫人・お江――戦国の世のツヨイツヨイ女性

「焼けぶとり」

ということばがある。火事で焼けたことがきっかけになって、かえって、それ以前よりくらしが豊かになるようなことを言うわけだが、ここにご紹介する焼けぶとりマダムは、じつは現実には、火事にあっているわけではない。

しかし、彼女が、火事以上の女としての不幸にたびたび出くわしていることはたしかである。

父の死、母の死、夫の死……。しかも、それが、そろいもそろって、尋常の死ではない。横死《おうし》である。女としてはこれ以上いたましいことはない。それでいてふしぎなことに、彼女自身は相手の死をきっかけに、どんどん運がひらけてゆき、小領主の妻から最後には天下のトップレディーにのしあがってしまうのだ。

彼女の生まれたのは戦国のさなか、父は近江の小谷城《おだに》のあるじ、浅井長政、母は織田信長の妹、お市の方。と書けば、おや？　と思う方もおありになるだろう。

「それじゃあ、例の淀君と同じじゃないの？」

まさしく、そのとおり、彼女はさきに登場した淀君の二人めの妹なのだ。

名前は小督《こごう》というふうに伝えられているが、これはちょっと気どりすぎているし、だいいち古めかしい。多分お江《ごう》という名前だったので、こんな字をあてたのだろうと思われる。このほか彼女のよび名には達子《みちこ》、お江与《えよ》などというのがあるが、いちばん信用できるのが江州生れ、すなわち浅井の娘を意味するお江で、それに姉のお茶々（淀君）、お初ともいちばんつりあいがとれそうなので、以下お江の名で話をすすめる。

お江の母、お市の方は、当時のミス日本とも言うべき美ぼうの持ち主だったし、姉のお茶々も、それにおとらぬ美人だった。

が、残念ながら――。

わがお江には美人だといういい伝えは全く残っていない。画像でみるかぎり、父の長政もなかなかハンサムなのに、これはいったいどうしたことか……。どうやら彼女の少女時代は、美ぼうの母や姉たちのかげにかくれて、あまりパッとしないものだったらしい。

ところで、物心つくかつかないうちに、彼女の悲劇は始まった。父の居城小谷城が、母の兄織田信長に攻められて落城、父は自刃、母ともども、攻め手だった信長にひきとられるが、やがて信長も明智光秀に殺され、擁護者を失った母は柴田勝家に再婚。それにしたがって越前に行くが、今度は勝家が豊臣秀吉に攻められて敗死し、母も勝家に従って自殺――。

と、ここまでの運命は姉のお茶々と同じである。彼女が彼女自身の運命を歩み始めるのは、この直後からだ。

父も母も失い孤児となった三姉妹は、もう、そろそろ結婚適齢期にさしかかっていたが、はじめに縁がまとまったのは、なんと不器量なお江であった。

お江の最初の夫は尾張の小大名、佐治与九郎だった。彼女の伯母にあたるお犬《いぬ》（お市の姉）が佐治家にとついでもうけた子だから、従兄にあたる。財力的にはとるにたりない三流大名だが、水軍を握っているところに秀吉はメリットを見出したのかもしれない。

この縁組をまとめたのは羽柴（豊臣）秀吉だが、これはちょっと意味深長だ。彼はこのあとお江のすぐ上の姉のお初と京極高次の縁談もまとめているが、つまりこうしてお茶々のまわりの妹たちを厄介ばらいしておいて、おもむろにお茶々を手にいれようというのではなかったか。

そんな秀吉の魂胆を知ってか知らずにか、お江は黙々と佐治与九郎にとついでゆく。大野城での新婚生活は、それでもなかなか幸福だった。与九郎は大名としては三流でも、マイホーム型のよき亭主だったらしい。彼の愛撫《あいぶ》にはぐくまれて、お江は見ちがえるような「女」に成熟する。

世間には結婚すると、娘時代とは人が変わったように美しくなる女性がいる。別に突然美人になったわけではないのだが、何となく魅力的になるのだ。それは心身ともにある安らぎをえたからだ、と私は思う。戦災孤児のお江は、ちょうどそんなふうに変身をとげたのである。

が、皮肉にも、その美しさのために、彼女の不幸は始まるのだ。そのころ姉のお茶々は秀吉夫人となって秀頼を産んでいる。その祝いかたがた、お茶々をたずねたお江は、秀吉にも久しぶりに対面した。

——やや、あの小娘が、こんないい女になりおったか！

その道にかけてはぬけめのない秀吉は、舌なめずりした……。

「まあ、ゆるりと城の見物などいたせ」

秀吉は急に愛想よくなり、しきりとお江をひきとめた。が、この城の見物こそくせものなのだ。お茶々を迎えるときも、彼はこの手を使っている。それにお茶々が気づかぬはずはない。そのうえ、ひそかに佐治与九郎に離婚を命じたと知って、お茶々は、

「あなた、いったいどういうおつもり？」

じろりと目をむいた。痛いところをつかれた秀吉は、しどろもどろである。

「いや、その、ウウ……お江の夫の佐治与九郎は小身すぎる。おれの相むこには不足だ」

そもそも、与九郎は、秀吉がみつけた相手なのだから、こんな手前勝手な話はない。

「じゃ、誰にしようとおっしゃるのですか」

問いつめられて、秀吉は、苦しまぎれに、甥の羽柴秀勝の名を口にした……。

かくて強引な離婚は、本人の知らぬまに進められ、お江は有無をいわさず秀勝の妻にされてしまう。

と、こんなふうに今までは考えられて来た。が、じつは私は彼女のことを『乱紋』（文藝春秋）という題で小説に書いている。その際調べたところでは、もう一つそこには政治的な事情がかくされているようである。

お江の夫の佐治与九郎は、もともと織田信雄《のぶかつ》の配下にあった。ところが、このころ信雄と秀吉の間が突然険悪になった。秀吉はこれに先立ち、徳川家康を彼の地盤であ

る三河から追い出して関東へ移らせている。そしてその後、信雄を彼の地盤である尾張から切離して三河へ移そうとしたらしいのだ。信雄は、

「何を、猿め、主人筋の俺を動かす気か」

と憤慨し、これを拒絶するのだが、秀吉はすましたもので、

「そんな我儘《わがまま》は許さん」

とばかり領地を取りあげてしまう。そしてこのとき、与九郎も信雄ともども領地を没収された、というのが真相らしいのだ。一説によると、小牧長久手《こまきながくて》の戦の折、与九郎の率いる水軍が家康方についたため、秀吉の怒りにふれたというのだが、これは年代的に多少あわない感じである。

与九郎は領地を奪われた後、織田信包《のぶかね》の所に身を寄せていたらしい。一説によると、お江と引離されて、憤激のあまり、二人の間の子供を殺し、自分も自害した、ということになっているが、二人の間には子供はなかったし、彼自身が生きている証拠もあるので、これは作り話とみていい。

お江がこの強引な離婚をどう思ったかは残念ながら残っていない。ともあれ、彼女は今や三流大名の夫人から関白さまの甥の妻となった。が、この結婚は彼女に幸福をもたらしはしなかったようである。新しい夫の秀勝が朝鮮戦役に出陣して、かの地で

戦没してしまったのだ。二十歳をあまり出ていないというのに、なんという夫運の悪さであろう（このときは二人の間に女の子が生まれ、のちに九条家に嫁いでいる）。

そこで、またもや秀吉は彼女の嫁入り口をさがし出す。さすがに老齢に近づき、彼女への興味は失ったのだろうが、そうなると今度は、お茶々の妹という身分を最大に政治的に利用しようとした。

今度の相手はライバル徳川家康のむすこ秀忠《ひでただ》だった。ちょうど家康のもとへ嫁がせていた秀吉の妹の朝日姫が死んだ代わりに、というのだが、お江をそっくり家康にくれてやらなかったあたりがちょっとおもしろい。結局自分のものにはならなかった彼女を家康の腕にまかせるのが業腹だったのではあるまいか。

が、お江と秀忠の結婚は、世にも珍妙な組み合わせだった。片や二十三歳、二回離別の中古マダムなのに、新郎は、といえば初婚の、それもたった十七歳の少年だったのだから……。

にもかかわらず、この結婚は彼女に幸福をもたらした。関ケ原、大坂の陣における豊臣方の敗北と徳川方の勝利――姉のお茶々のむざんな死とひきかえに彼女はトップレディーにのしあがるのだ。

さらにしあわせなことには、夫の秀忠が、徳川歴代将軍中珍しいカタブツだったことだ。

彼についていては、こんなエピソードがある。彼が父の家康のところへ行ったとき、その道にかけてはツワモノの家康が、

「一人でいるのはさびしかろう」

と、侍女のなかで、きりょうよしを選んで菓子をもたせてやった。すると秀忠はかしこまって上座に招じいれ、

「これはこれは、大御所さまよりの御使い、御苦労に存じます」

いとも丁重にゴアイサツ申しあげ、

「なにとぞ、大御所さまへよろしく」

菓子だけ受取ると、うやうやしく送りかえしてしまった。夜伽《よとぎ》のつもりでさしむけた女が、一刻とたたぬうちにもどって来てしまったので、家康は、

「さてさてカタブツよの」

とあきれかえったという。

もっとも、この秀忠が生涯に一度だけ侍女と浮気をし、その一度のために男の子を作ってしまった。これがのちに会津藩主になる保科《ほしな》正之《まさゆき》だが、秀忠はお江をはばかって、ついに彼女の生前は、この子に対面しなかったという。

このことから、お江は、たいへんやきもち焼きのかかあ天下と思われているようだが、私はそう思わない。だいたい徳川家の人間は、女のおもわくなどは問題にもしない人たちだ。にもかかわらず、秀忠がこれだけ気を使っているのは、六つも年上の姉さま女房でありながら、彼女に秀忠を熱中させる魅力があったからではないだろうか。

秀忠との間には子供もたくさん生まれた。まず長女のお千は周知の通り豊臣秀頼にとつぐ。長男竹千代は後の家光である。将軍の正室の子で将軍職をついだのは、後にも先にも、この家光ひとりである。その代わり次の弟の国松はのち駿河大納言忠長となるが、お江の死後家光に忌まれて非業の最期をとげる。女の子は千姫のほかにもたくさんいて、実姉のお初の養女になったり、その他有力大名家に嫁入りして、徳川家の地位を安定させるのに役立った。中でも末娘の和子は後水尾天皇の中宮として入内し、徳川家と天皇家を結ぶ絆《きずな》になっている。

ここで考えさせられるのは、血すじというもののふしぎさだ。お江は戦国時代いちはやくほろんだ浅井氏の娘である。織田、豊臣という勝利者がほろんだあと、敗北者である浅井の血が、徳川氏の中に生きつづける——これが歴史の皮肉というものかもしれない。

ともあれ、敗北者の娘、お江の一生は、私たちにあるはげましを与えてくれる。

一つには、女の幸福は美貌によらないということ——姉のお茶々と比べてみるといい。

二つには、再婚、三婚を決しておそれる必要はない、ということ。

三つには、姉さま女房でも、決して夫にあきられることはないということ。

が、何より手本とすべきは、数々の不幸の中でノイローゼにもならなかった彼女のたくましさだろう。水が器にしたがうように、彼女は淡々とそれぞれの境遇にたえて来た。

運命のままに押しながされた哀れな女性にみえて、これは案外しぶとい生き方だ。あるいは彼女は、戦国武将のだれにもまして、ツヨイツヨイ女性だったのかもしれない。

細川ガラシャ——信仰あつき強妻

戦争中、細川ガラシャは「貞女のカガミ」であった。関ケ原の戦いのおり、敵将石田三成が、彼女を人質として捕えようとしたのをこばんで、館に火をかけ、家臣に首をはねさせて死んだことを、学校の先生がたは、

「女ながらも捕虜のはずかしめをうけなかったこと、夫を心おきなく先陣にゆかせた点、まことに婦道のお手本である」

口をきわめてほめそやした。

戦後は貞女のカガミはひっこめられ、かわって、彼女のキリシタン信仰が強調された。

「彼女は、まわりの反対を押しきってキリスト教に入信し、信仰をつらぬきとおした」

戦中、戦後、ともに優等生であるとは、まさに珍しい存在である。しかも、貞淑に

して信仰あつき女性とは、申し分のないくらいゴリッパなことではないか。

が、最近私は少し疑問を感じて来た。この貞淑にして篤信家《とくしんか》のガラシヤを妻とした夫は、はたして幸福だったのだろうか、と。いや、もっとはっきりいえば、彼女の貞淑さについても、少し首をかしげ始めている。

といっても、彼女が不貞を働いたなどというのではない。しかし「貞淑」とは、少なくとも夫に対して従順でしとやかなことだ。

ところが、貞淑なはずのガラシヤは、夫の猛烈な反対をおしきってキリシタンになった。そのせいだろうか、たびたびすさまじい夫婦げんかもやっている。どうも貞淑と篤信は一致していないのである。

とはいうものの、二人は全く仲が悪かったのかというとそうでもない。奇妙な愛憎のいりまじった深刻な夫婦仲なのだ。夫の側からの一方的なおしつけの多かった当時の夫婦関係の中では、きわめて異常な、現代にも通じる複雑な関係といえるかもしれない。

ではなぜ、彼らはそんな深刻な関係になってしまったのか、原因はそもそもの出発点にありそうだ。

彼女の名は珠子《たまこ》（玉子）、明智光秀の娘で、大変美しかった。細川忠興《ただおき》と結婚したのは十六歳のとき。夫の父藤孝も光秀と並んで織田信長に従う有力な武将で、二人の結婚はこの信長のお声がかりによるものだった。

ところが、その数年後、例の本能寺の変が起こり、光秀は主君信長を殺してしまう。しかも光秀はまたたくうちに羽柴秀吉にほろぼされ、事態は急変する。

一挙に「逆臣の娘」になってしまった珠子は、世をはばかって、丹後の山奥の三戸《みど》野《の》に幽閉される。

この事情についてはふつう次のように説明されている。

逆賊光秀の親類だというので、細川家は苦境に立った。本来なら珠子を殺すか離縁するところなのだが、忠興は珠子を熱愛していたので、殺すにしのびず、山奥にかくし、二年後、秀吉の許しを待って呼びもどしたのだ、と。

が、はたしてそうなのか？　忠興は、ほんとうに彼女を熱愛していたのだろうか？

「寛政重修諸家譜《かんせいちょうしゅうしょかふ》」という江戸時代の公式記録がある。これによると、細川家では、「本能寺の変のあと、珠子を離別したが、秀吉の命によって復縁した」

と申したてている。これが事実なら、忠興の珠子熱愛説は、だいぶあやしくなる。

戦国武将の習いとして、忠興は愛情よりも保身第一だったのではあるまいか。

これとくらべて興味あるのは筒井順慶の態度だ。彼も細川と同様、明智光秀の娘を自分の養子の嫁にしていたらしいが、このとき離別もしなかったし、幽閉もしなかった。日和見《ひよりみ》順慶などと、筒井の評判はかんばしくないが、ヨメさんに対しては細川家よりも親切といえそうだ。

ともあれ幽閉事件は珠子にとっては大ショックだったにちがいない。保身の術にキュウキュウとする夫忠興に、

――男なんてそんなものか！

失望もしたかもしれない。人間不信、逆臣の子としての苦悩が、彼女をキリスト教に近づけたとは見られないだろうか。

一度逆臣の汚名をきせられてしまうと、なかなか名誉回復はむずかしい。マジメ人間の珠子は大いに悩んだらしい。そして、既成の仏教や儒教では救われようがない、と思った彼女は、人間の罪の深さを説き、イエスの十字架によってその罪があがなわれるとするキリスト教の、教えの中に、はじめて救いを見出したのではないか。

が、忠興には彼女の悩みの深さはわからない。もともと思索的、テツガク的なタイプではなく、ごく現実的な男なのだ。しかもそのかぎりにおいては、神経質なくらい気の廻るほうで、珠子を幽閉したのも、そのあらわれであろう。

つまり先の先まで世渡りを考えてしまうたちなのだ。秀吉の命によってお珠を復縁

させたが、そうなればなったで、秀吉が珠子に興味をもちはしないか、と気がもめて来て、家臣たちに、

「秀吉公の前では決して奥方のうわさをするなよ」

と堅く口どめしていたともいう。しかし、珠子にしてみれば、

――なにさ、ピンチのときは私をほうりだしておきながら……。

釈然としない所もあったのではないか。

精神的なすれちがい夫婦――。どうも二人にはそんなところがある。このすれちがいは、珠子のキリシタン入信によってさらにはなはだしくなる。彼女は夫にないしょで洗礼をうけ、ガラシヤという洗礼名を与えられるのだが、これを知った忠興は激怒する。おりもおり、秀吉がキリシタン禁制を命じたところだったからだ。

「やっと明智の事件がおさまったと思ったら、またとんでもないことを！」

逆上して短刀をつきつけたが、珠子は、

「何とおっしゃろうと信仰だけはすてられません」

と顔色もかえなかったというから相当なものだ。そのころのことだろうか、二人が例によって、小ぜりあいをくりかえしながら食事をしているとき、屋根をふいていた職人が足をふみすべらして庭先へころがりおちて来た。

──きっと、俺たちのけんかに聞き耳をたてていたにちがいない。憎いやつめ！

逆上した忠興はやにわにその職人の首を叩き斬り、血のしたたる生首をドサリと珠子の食ぜんにおいた。それでも珠子はすまして食事を続けているので、

「蛇の化身だな、そなた……」

忠興が息をのむと、

「罪もない職人を殺すあなたは鬼。鬼の女房なら蛇がちょうどようございますでしょう」

平然とやりかえしたという。この夫婦げんかのすさまじさ、これが「貞淑」なガラシヤ夫人の素顔なのだ。

かなり神経質で短気な細川忠興と、かたくななまでに一本気なガラシヤとの息づまるようなやりとりは、日本夫婦げんか史に残る壮挙である。

それから数年後、歴史の転換はこの夫婦関係に悲劇的な終止符をうつ。例の関ケ原の合戦がそれだ。夫は東軍（徳川家康方）に従って関東へ。その間に挙兵した西軍（石田三成方）が大坂に残るガラシヤを人質として捕らえようとした。彼女がこれを拒んで家臣に首を斬らせ、館に火をかけて壮烈な最期をとげたことはあまりにも有名だ。

いかにも彼女らしい一本気なやり方である。このとき人質にされかかったのは何も

彼女だけではなかった。大坂に妻子をおいて東軍に従った武将の多くがそう命ぜられているのだが、要領よく逃げだしてしまったのもかなりいる。ところが彼女はそうしなかった。「万一の時は奥方を殺せ」と忠興が家臣に命じていたからだともいわれるが、私は、もしそうでなかったとしても、彼女はこの道を選んだのではないか、という気がしている。

キリシタンへの圧迫は日に日に強まって来ている。さりとて棄教する気になれないとしたら、ほかにどんな道が残されているだろう。

しかも彼女の死によって、夫忠興は徳川への忠誠が証拠だてられ、細川家は三百年の繁栄の基礎をかためる。すさまじい相剋《そうこく》をつづけた二人の結末としては皮肉でもあるが、これが夫婦というもののダイゴ味かもしれない。

ともあれ、彼女は封建時代には珍しい強い女性だった。何ごとも夫唱婦随で、言いたいことも言わずに忍従の生活を送った女性が多かった当時としては、異色の夫唱婦唱型だ。

が、決して悪女ではない。ヒステリックな所もあるが、自分をいつわれない正直な女なのだ。その点なかなかさわやかでもある。この強さは、彼女の一本気な性格にもよろうが、一つにはキリシタン信仰にささえられているからではないだろうか。

キリスト教は、すさまじい迫害と殉教の歴史を持っている。中途はんぱをゆるさない徹底した激しさ――これはともすれば妥協しがちな日本的なものの考え方とはまるきり異質な西欧的なものだ。

雲のはれ間から、ちらりと太陽を見るように、ガラシヤは十六世紀末の短い期間に、この「西欧」をのぞいてしまった。一本気な彼女は、これまでの日本では見たこともない徹底的な激しさに魅せられてしまったのではないか。

しかも太陽はすぐかくれた。キリシタンは禁じられ、やがて、長い鎖国がやってくる。もしそうでなかったら、ガラシヤはしぜん別の道を歩んだのではないだろうか。信仰に青春をかけ、あるいは日本はじまって以来の名伝道者となっていたかもしれない。彼女のひたむきさには、どこかひとつの主義主張を狂信して散ってゆく青年に共通するものがある。その意味で、彼女は当時の日本女性としては珍しく、突然変異した「西欧的」な女性だったのだ。

そしてそのことが、彼女を悲劇に追いこんだわけだが、一方、「西欧」をのぞいてしまったこの一本気なキマジメ夫人とつれそった忠興氏も、ごくろうさまなことであった。

北政所――日本一の〝オカミサン〟

その人の名はねね（おねだという説もある）、一介の草履とりから身をおこし天下を握った豊臣秀吉の正夫人である。

といっても、ご亭主が日本一の出世男だから従って彼女も日本一、という意味ではない。むしろ、日本一の出世男を夫にもちながら、彼女は最後まで、オカミサン的な味を失わずにいた。そのあたりのふんわかとした味わいが、日本一なのである。各時代にはそれぞれスーパーレディーはいるもので、彼女よりもガクのあるの、きれいなのはざらにいるが、オカミサンとしての値打ちは彼女の右に出る者はないと思う。

その彼女とても、青春時代は決して幸福ではなかった。播磨《はりま》（兵庫県）竜野出身の杉原定利という武士の娘だったが、妹のややといっしょに叔母のとつぎ先である浅野家に養われて大きくなった。

そんな境遇だから、年ごろになっても、たいした婿も来るわけがない。背の小さい、サルのヒモノのような風采のあがらぬ男と結婚した——と書けばもうおわかりだと思う。その貧乏くさい男こそ後の豊臣秀吉なのだ。

婿どのを迎えた浅野家はかやぶきの狭い家、式もきわめて簡単だった。もちろん畳などはないから、土間に藁をしき、その上に薄縁《うすべり》をしいて、そこに花嫁花婿がすわって祝言をあげた。

現代のケンラン豪華な結婚式にくらべて、なんとささやかなものだろう。してみると、その後の運不運は結婚披露の宴の皿数《さらかず》とは全くカンケイないようである。

それにしても、日本一の出世男の結婚式にしては貧弱すぎる、と思う方もおいでかもしれないが、これはカケ値なしの事実である。なぜなら当の花嫁ねね自身が、後になって語ったことなのだから……。

そして私が偉いと思うのは、そこなのだ。人間は出世するととかく苦闘時代のことはかくしたがるものだ。なかにはとんでもないにせの事実をデッチあげる人もいる。彼女の夫秀吉などはこうした成り上がり者の典型で、あとになると、

「おれの母は公家の娘だ」

とか、さらには、

「おれは天皇のおとしだねだ」

などとふれてまわるようになるのだが、彼女はそんなことはしない。その点むしろ亭主より人間は上だと思う。

「私の若いころはね、そりゃ貧乏でね……」

といった調子で何事もあけすけに話す、ごく人のいいオカミサン——そんな印象をうける、ほほえましいエピソードである。

これはずっと後の話だが、太閤秀吉とよばれるころになっても、二人で話すときは、若いころの尾張弁まるだしでしゃべり、それがまた早口なので、そばできいていると、ケンカをしているようだったという。人間はちょっと出世すると、すぐ上流階級ぶりたくなるもので、きのうまで、

「そンでよウ」

などといっていたのが、急にすましこんで、

「ごきげんよウ」

「ンざますの」

などといいたがるものだが、この無邪気さはどうであろう。

結婚後五年、秀吉は尾張《おわり》墨俣《すのまた》城の築城に功績をあげ、さらにその後織田信長の勢力

拡張にしたがって琵琶湖畔の長浜城のあるじとなった。文字通り一城の主になったわけで、マイホームの夢をはたした現代の亭主族よりはスケールは大きい。身分的にはさしずめ織田株式会社の部長クラス、長浜支店長に出世した、というところだ。そうなると、とかく男はいい気になるもので、ねねとの間にも少し風波がたちはじめた。

女グセで有名な秀吉のことだから、二人の仲のこじれも、多分そんなところから始まったのではないか。彼女がそのことで文句をいえば、秀吉も戦略上、

「なんだ、つべこべぬかすな」

逆にねねの欠点を言いたてるようになる。そのころ主人の織田信長のところにあいさつに出たねねは、ついに思いあまってそのいきさつを打ちあけてしまったらしい。

私が彼女をオカミサン的だと思うのは、じつはそこなのだ。もし彼女が誇り高き賢夫人だったら、歯をくいしばっても自分のプライバシーを打ちあけはしなかったろう。また彼女がヒステリックな悪妻だったら、洗いざらいをぶちまけて、夫の出世を台なしにしてしまったろう。

が、彼女はじっとがまんするほどの賢夫人でもなければ、狂気に満ちた悪女でもなかった。つまりほどほどのオカミサンだった。

「ほんとに困っちゃうんですよ、ウチの人ったら……」

こんなふうな打ち明け話は、大いに信長の同情をさそったらしく、このあと、さっそく彼はねねに手紙をやっている。

先日はけっこうなものをありがとう。それにしても、そなた、以前会ったときよりもずっと美しくなったではないか。それはそんな美人の妻を持ちながら、藤吉郎（秀吉）は不足をいうようだが、それは藤吉郎が悪い。あんなハゲネズミにはそなたのような上等な妻は二度とはみつけられないのだから、そなたも気を大きく持って、軽はずみをしてはいけない。特にヤキモチは大禁物である。女房のつとめとしてだまって藤吉郎のめんどうをみてやれ、またこの手紙のおもむきを藤吉郎にもつたえるように……。

信長らしいのびのびした手紙だが、彼にこんなやさしい手紙をかかせるねねも、ふんわかとした人柄だったのではないだろうか。

人にプライバシーを打ちあけるのはむずかしい。あんまりムキになればかえって、「あんなスゴイ女なら、亭主が浮気するのもあたりまえだ」

などということになりかねない。打ちあけ話は人の同情をひく程度――たくまずしてその限界を心得ていたらしいねねを、世の中のオカミサンは手本とすべきである。

さらに彼女のえらいことは「やきもちをやくな」という信長のことばに素直に従っ

たことだ。おかげで秀吉は何となく頭があがらなくなり、名門出身の側室たちも、しぜん、ねねには一目おいたようだ。後年小田原攻めの折りに、淀君をそばへよぶときにも秀吉は、

「そなたから、さしずしてくれ」

と彼女の顔をたてている。

周知のようにねねには子供がない。そのことは当時の女性にとっては大マイナスだったにもかかわらず、依然正夫人としての権威を保ち得たのは、そのお人柄によるものであろう。

しかも、彼女のえらい所は、側室たちににらみをきかせただけでなく、政治のことにもかなり気をくばって、夫の秀吉にそれとなく助言をしていたことだ。史料をさぐってみると、彼女のとりなしで命を助けられたり、領地をとりあげられずにすんだ人間はかなりいるらしい。

それでいて、彼女はいつもひかえめで、決して夫のやることに口出しをするというようには見せなかった。これは淀君が権勢欲の権化のように思われているのと対照的である。淀君は前に書いたように、単なる過保護ママであって、秀吉の生前さほど政治に口を出した形跡はない。むしろ、ねねのほうが、ずっと政治家だったのに、逆の

印象をあたえたあたり、なみなみならぬ手腕の持ち主だ。

ここで考えさせられることは、夫の仕事に無関心であっては本当のよい奥さんとはいえないということだ。ただ家の中をきれいにし、おいしい料理を作るだけではいけない。夫の仕事にも理解を持ち、かげにまわって対人関係にも心づかいを見せる。それでいて、決して出しゃばらず、表面は仕事のことには無関係なような顔をしている――特に商人とか、大小さまざまの経営者の奥さま方は、昭和のねねたることを心がけるべきであろう。

秀吉が天下人となるに従ってねねはトップレディーの座にのしあがる。当時の外人宣教師の報告によれば、大坂城にはりっぱな織物のカバーつきの、金の飾りのついたベッドがあったというが、そのデラックスなベッドルームの主は、ほかならぬ秀吉とねねだったのだ。

もっとも、こうした出世ぶりに反発を感じる人もなかったわけではない。秀吉の最も愛した側室、淀君がそれだ。彼女は秀吉の主家織田の血をひいているから、小身の武士の娘にすぎないねねに頭を下げるのが、何となくしゃくにさわったらしい。しかも淀君は秀吉との間に秀頼という子をもうけている。

――なにさ、そっちは子供もないくせに……。

とばかり、秀吉の死後は本家顔をしはじめる。そして秀頼を天下人にするべく、ライバル徳川家康と対決したのが、関ケ原の合戦だ、ということになっている。

もっともこの戦いは、実質的には石田三成と家康の対決だと見る人もいる。が、そのいずれにしても徳川・豊臣二勢力の対立というわけだが、これには一つ、見落としがないだろうか。

それは、ねねの動きである。

ねねはそのときどうしたか。大坂方として、ともに徳川と戦ったのか？

とんでもない！　それどころか、その直前、彼女は大坂城の西の丸を家康にあけわたし、さっさと京都へ移ってしまっている。

すなわち、彼女は、はっきりと「反淀君」の旗をひるがえしたのだ。家康が大坂城に入ったのは、不穏な政情を取締まるため、というのが表向きの理由だが、本当の目的は、淀君と秀頼を監視することにあった。家康はここで、着々と諸大名と連絡をとり、やがて関東に下ってゆく。ねねはいわば、家康のために勝利のいとぐちを作ってやったのだ。

やがて関ケ原、大坂の両陣の合戦がおこるが、彼女は依然として、静観をつづけた。

そして、このことは、戦局に大きな意味をもつ。なぜなら子供のころから彼女にかわいがられた秀吉の部将たち、加藤清正、福島正則らは、そろって家康に味方してしまったからだ。関ケ原の戦いを徳川・豊臣の決戦とみると、彼らの態度は何とも割り切れないが、ねねとのかかわりあいを思えば納得がゆく。

だから、ある意味では、関ケ原の合戦は、ねねと淀君とのひそかな「女の戦い」でもあった。ねねと淀君の大坂城内でのちょっとしたさやあてだけをとりあげ、この壮大な女のいくさを見落としていたとしたら、大変な片手落ちだ。

さて、周知のとおり、淀君は大坂の陣に敗れて悲劇的な最期をとげる。オカミサンは勝ち、美貌の側室は敗れたのだ。

自らは表にたたず、傷つかず、これはまたなんと巧妙な作戦だろう。北条政子が、妾の家をぶちこわして物笑いのたねになったり、道綱の母が、やきもちを夫にぶつけて、かえって夫婦仲をこじらせたりしたのにくらべて、ねねのやり方は、水ぎわだっている。にくい妾に打撃を与えたかったら、世の奥さま方は、すべからく、ねねの頭脳的な作戦を見習うべきである。表面いかにもおだやかでありながら、女のしぶとさ、たくましさも百パーセント持ちあわせている彼女こそ、まさに日本一のスーパーレディーであろう。

家康はこのときのねねの態度に大いに恩義を感じたらしく、徳川の世になっても手厚い待遇をしている。今残る京都の高台院は、徳川家康がねねのために作ってやった隠居所だが、いわゆる高台寺蒔絵《まきえ》に飾られた桃山ふうの、豪華な室内装飾をもつ建物である。そこでねねは大名格のくらしを続け、七十六歳でこの世を去った。

女が歴史を揺さぶるとき

卑弥呼――女王は目下の成長株

顔立ち不詳。同時代の人間も、ほとんどその姿を見たことがない、という頼りなさなのに、このところ、日本の歴史を騒がしているのは、邪馬台国《やまたいこく》の女王、卑弥呼《ひみこ》である。とにかく、歴史に登場する日本の女性のハシリだから、敬意を表してご登場願うことにしたが、女性としての実感からいうと、

「あなた、女性なの、へエ……」

という感じなのである。アメノウズメノミコトとか、コノハナサクヤヒメとか、伝説の女性の方が、まだしも女性を感じさせるのに、こちらさんのほうは、どうもピンとこない。

が、いま日本の学者や小説家や、ソウソウたる方々が、いちばん血道をあげているのは彼女の周辺だ。目下、歴史上の女性で、こんなに熱心に男性から関心を持たれて

いるのは、彼女くらいなものではあるまいか。

これには、いろいろ理由がある。ひとつは彼女の正体がわかったようでわからない、ということである。それもかいもくわからなければ話にならないが、ちょっとはホントらしい手がかりがあるところがミソである。

そのホントらしい手がかりというのは、いわゆる「魏志倭人伝《ぎしわじんでん》」にある。これは正確にいうと「三国志」の「魏書《ぎしょ》」の「東夷伝《とういでん》、倭人の条」である。書いたのは、三世紀の中国の人、陳寿《ちんじゅ》という人だが、これが、なかなか罪つくりな本なのだ。名前のごとく「魏書・東夷伝」は、魏の時代の東国の野蕃国のことを書いたものだ。

中国はいつの時代も、自分を中央の進んだ国――すなわち「中華」だと思っており、その周囲の国は後進国――夷国だと見ていた。そしてそれぞれ「東夷」「西戎《せいじゅう》」「南蛮《なんばん》」「北狄《ほくてき》」というふうに呼んでいた。これは中国の思い上がりではなくたしかに当時は、中国が、政治、社会組織ともに一歩も二歩も進み、日本などはまだまだずっと遅れた状態にあったようである。

だから日本が「東夷伝」の倭人の条に収められていることには文句をつけるつもりはないのだが、問題はその中身である。陳寿は現実に日本へ来たわけでなく、それまでに書かれたものとか、人の聞き書きで書いているので、今読むと、どうもつじつまがあわないところが出て来る。それが、現代の日本に邪馬台国論争が起っている原因なのである。

まず、問題は邪馬台国の場所だ。これが、どうもはっきりしない。つまり彼女の正体をつきとめようにも、目下のところ、彼女のいたところさえはっきりしないのだ。この場所について、大きく分けて、九州説と畿内説とがあるのは、御存じのとおりだし、その九州でも学者によって場所が違う。こうなるのも陳寿の記述があいまいだからである。しかも朝鮮から邪馬台国へ来る途中までの道筋は、大体たどることができるので、まるきりデッチあげと言えないだけに、かえって困るのだ。たとえば、朝鮮から来ると対馬《つしま》国、一支《いき》国や末盧《まつろ》国、伊都《いと》国などがある、とあるが、対馬はもちろん現在の対馬だし、一支は壱岐、末盧は現在の佐賀県の東松浦郡あたり、伊都国は、福岡県糸島郡内と考えてよい。伊都国址と思われるところでは、大きな鏡が発掘されたし、ごく最近も大きな璧《へき》が発見され、いよいよその存在がたしかめられつつある。

ところが、「倭人伝」の記述は、この後、邪馬台国へゆく道筋になると俄然おかしくなる。文章の通りに読むと、邪馬台国は九州を飛びだし、南の海上になってしまうのだ。これはおかしい、というので、ここにいろいろの解釈が出て来る。伊都国の先に邪馬台まで並んでいる国はその順に次から次へと並んでいるのではなく、伊都国を起点にして、それぞれの国が何里（あるいは何日行程）の距離にあるというふうに、見るべきだとするのも一説で、こういう読み方をすると、邪馬台国は九州を飛び出さなくてもすむことになる。

が、それでも全部問題が解決したことにはならない。邪馬台国へゆくのは、南に向って「水行十日、陸行一カ月」とあり、これも、「水路で十日ゆき、さらに陸路で一月」という説と「水路なら十日、陸路なら一月」と読む方がいいという説もある。が、それにしても陸路で一月もかかるのはどのへんなのか。まだはっきりしたことはわからない。

一方の畿内説は「倭人伝」で南へ行くと書いてあるのは、東へ行くことの誤りだとする立場で、考古学上の発見などもからんで、これも捨てがたい。結局、邪馬台国がどこだということは、現在のところでは結論は出ないし、将来も、中国本土で馬王堆《まおうたい》古墳のようなものが発掘され、新しい邪馬台国の資料でも出ないかぎり、どっちにも軍配はあげられない。

だから、卑弥呼女史のお家探しはこのくらいにして、そろそろ、彼女自身のことに移ったほうがよさそうだ。

大昔の人間の常として、彼女の生年月日はわからない。が「倭人伝」から推測して、学者たちは、彼女の生きていたのは二世紀後半から三世紀半ばとしている。ところで、二世紀の後半に倭国に内乱が起った。その結果、卑弥呼がかつがれて女王として君臨することになった。彼女は「鬼道」をよくしたというから、多分に巫女《みこ》的存在だったのかもしれない。そしてその神秘的な力を利用して民衆をよくおさめた。そして王となってからは、部屋の奥深くに閉じこもって姿を現わさず、邪馬台国の人の中でも彼女を見たものはほとんどいないという状態だった。

たしかにこれは巧妙なやり方である。彼女は超能力者、すなわち神に近い存在として民衆の心を握ったのだから、クシャミをしたりオナラをするところを見られて、

「あンれ、卑弥呼サマもただの人間だっぺしや」

などと思われてはお値打ちも下がろうというものだ。だから、奥深くにかくれ、たった一人の男が食事を運んだり、彼女の命令を伝えたりするようにしてしまったのである。

そのころ彼女はすでに若くはなかったらしいのだが、お蔭で、彼女が美女であったかシコメであったかもわからないのは、ちょっと残念でもある。が、宮室といっても、たいした建物ではなかったろうし、その奥でひとりぼっちで過して、果して彼女は幸福だったのだろうか。

もっとも御威勢だけは大したもので、彼女の周辺には婢《はしため》――すなわち女奴隷が千人もいたという。が、この数の方は、陳寿の誇張があるかもしれないから、あまりあてにはならないのであるが……。

しかも彼女は邪馬台国の女王だっただけでなく、その周辺の国々――斯馬《しま》とか、対馬、一支（壱岐）、奴《な》、不弥《ふみ》、伊都などの国々を直接、間接に統治していた。つまり連邦国の女王――英国のクイーンのようなものであった。卑弥呼は、クイーン・エリザベスの古代版ということになる。

政治家としての彼女は、神様のおつげだけに頼っていたわけではなく、弟の補佐をうけて、実際の政治をやったらしい。この弟との共治で思いだすのは、古代エジプトの女王、クレオパトラである。彼女は、そのころの習慣に従って、弟と結婚して、共同統治者としてエジプトを治めた。もっとも陳寿の証言によれば、卑弥呼には夫がいなかったというが、これも勘ぐりようによっては別のことも考えられる。弟と結婚するなどということは、陳寿の常識では考えられなかったので、そこまで想像が働かなかったとは見られないか。もしそういうことがあり得るとすれば、彼女はクレオパトラ日本版ということになる。ちなみに、クレオパトラが死んだのが紀元前三十年というから、二百数十年ほど先輩である。

クイーン・エリザベスだの、クレオパトラなどが登場して来ると、俄然、卑弥呼の周辺も華やかになるが、こうなると、かえすがえすも彼女が姿を見せなかったことが残念でならない。彼女はクレオパトラより少し鼻が低いくらいの女性だったということにでもなれば、日本女性史の第一ページは世界史的スケールで語られることになったのに……。

クレオパトラの時代、エジプトは落ち目だった。そこで、彼女は腕によりをかけて、ローマのアントニオやシーザーをたぶらかして援助をとりつけたのだが、卑弥呼のやり方はこれに似ていないこともない。彼女の連合国統治も大分不安定だったので、大陸の大国である魏に使を送り、その威光を利用しようとした。「倭人伝」にも、卑弥呼の使が度々遣わされたことが書いてある。当時魏は、朝鮮半島の帯方郡に、東方出張所ともいうべきものを設けていて、卑弥呼からの使は、まずここに来て、それからはるかに魏の都である洛陽まで行っている。このとき、彼女は、おみやげとして生口《せいこう》——奴隷十人を魏王に献じている。周辺の国から中国に対しては、こんなふうに奴隷が贈られることが多かった。

これに対して魏の国からは、卑弥呼に金印紫綬がさずけられ、同時に「親魏《しんぎ》倭《わ》王《おう》」の称号が与えられた。この称号は夷国の首長に与えられるものとしては異例の優遇である。わざわざこの辞令を持って魏の使が来ると聞いて卑弥呼は大よろこび、早速またお礼の使をやっている。

このお墨付きがあればしめたものだ。

「私の後には、魏の国がついてるんだよ」

とすごんでみせることができる。これで属国を抑えつけるわけだが、それにもう一つ、倭国には、邪馬台国に頭を下げようとしない狗奴《くぬ》国というのがあって、これが卑弥呼の頭痛のタネだったのである。魏からのお墨付きはもちろん、狗奴国への睨みをきかすためでもあり――というより彼女の対魏交渉の主眼は、むしろここにあったともいえよう。

それにしても、魏も卑弥呼に対しては、かなり気前のいい待遇をしてくれたものである。よほど東方の女王の入貢《にゅうこう》がお気に召したかというと、そう事情はなかなか単純ではなかったらしい。というのは、当時朝鮮半島にも、魏の支配を脱して独立しようという気運があり、帯方郡と楽浪郡にあった魏の出張所は、いささか基盤が危うくなっていた。そこで、魏としては、倭を抱きこんで、朝鮮経営を強化しようとしたらしいのである。

してみると、持ちつ持たれつの国際情勢はなかなか複雑、卑弥呼も姿こそ現わさないが、国連で駆引する外交官そこのけの対外感覚を持ちあわせていたことになる。何やら神秘めかした巫女的存在から、国際情勢にもまれながら活躍する敏腕政治家まで、卑弥呼の像は大幅にゆれ動く。こうなるとますますどんな顔をしていたのか、たしかめたくなるのが人情である。

ところで、卑弥呼のこうした努力も空しく、邪馬台国と狗奴国の対立はいよいよ激しくなり、遂に戦いがはじまり、その最中に卑弥呼は死んだ。その後に男の王が立ったが人々が従わず、のちに卑弥呼の一族の中から十三歳の少女の台与《とよ》が女王になって、やっと乱は治まったという。卑弥呼が死んだとき、殉死した奴婢が百余人、そして彼女のために、「径百余歩」という大きな古墳が作られた。邪馬台国がどこかわからない以上、その古墳がどこにあるのか、残っているのかこわれてしまったのか、もしこわれてしまったとしても遺物は全くないのか、そんなことは全くわからない。

つまり初めから終りまで彼女の生涯は謎にみちているのだ。ところで、この実在したことはたしかなのに、全く捉えどころのない彼女を、実在性は少ないが伝説の残っている女性と結びつけようとする試みは、以前から行われていた。たとえば、崇神《すじん》天皇の妹だといわれるヤマトトトヒモモソヒメがそれだというのもその一つだ。三輪山の神との神婚伝説や、山の辺の道の近くにある箸陵《はしばか》がその墓とされている彼女が、卑弥呼だということがホントなら、邪馬台国畿内説にとってはバンザイだが、しかし、これには反論も多い。中には神功《じんぐう》皇后こそその人だという説もあるが、後でのべるように神功皇后じたいの実在性に問題があるので、せっかちにそういう結論を持ってこない方がよさそうである。

この何とも正体のわからない彼女が、ナウな人気をかちえている理由は、別にもう一つある。それは戦前は彼女について語ることはタブーとされていたからである。戦前の歴史教育では、日本の国は開闢《かいびゃく》このかた天皇家が治めていた――というふうに教えられていたから、正体不明の卑弥呼が女王でいたり、魏に臣従を誓ったという事実があっては、神国日本の尊厳をそこなうし、万世一系伝説が崩れてしまうので、学校教育では全く教えられなかったのだ。

もちろん学者たちは卑弥呼の存在を知っていたし、邪馬台国の九州説と畿内説はそのころから論議されていたのだが、国民全体に知らされていなかった。だから、日本国民の多くは、

「へえ、卑弥呼？　そんなオバハンいたのかい？」

と、戦後はじめてびっくりしたという次第なのである。セックス解放と古代史解放――これが戦後日本の二大解放だと、私はひそかに思っている。

だから、千七百年前の人間でありながら、卑弥呼が知られるようになったのはせいぜいこの数十年間くらいなもの。つまり彼女は歴史の中のニューフェイスなのだ。

ここまで書いて来て、私は思いがけない発見をした。およそ女性を感じさせない怪物的な彼女、よくよくみれば、女性の魅力の最大条件をそなえているではないか。

何しろ、彼女は謎に包まれている。男性は百パーセント知ってしまった女性に関心はもたない。わからないところがあるから魅《ひ》かれるのだ。

それにもう一つ——。彼女は歴史の中の女性としては新人なのだ。知りそめて、まだ三十にはならないとすればコケの生えた紫式部や淀君よりはずっと新鮮だ。古来女房と畳は何とやら——。さてこそ日本じゅうの男性がうつつをぬかすのも当然ではないか……。

持統天皇——理性的で果敢なる女帝

いまから千三百年前、近江蒲生野《がもうの》（滋賀県）で、天智天皇が、大がかりな薬（薬草）狩りを行なったことがある。そのとき、天皇の寵愛をうけていた額田王《ぬかだのおおきみ》は、かつての愛人である天皇の弟、大海人皇子《おおあまのおうじ》（のちの天武天皇）と愛の歌をよみかわした。

あかねさす紫野ゆき標野《しめの》ゆき野守は見ずや君が袖ふる

（紫草のはえるこの狩場で、なつかしいあなたは私にむかって袖を振っていらっしゃるが、そんなことをして、野守に見つけられはしませんか）

これに対して大海人はこたえている。

紫のにほへる妹《いも》をにくくあらば人妻ゆゑにわれ恋ひめやも

（紫草のようににおいやかなあなたのことが憎かったなら、もう他人の妻になってしまわれたいま、なんで私が恋しく思うでしょうか。恋しいからこそ、

人目もはばからず、こうして袖を振るのですよ）

かなりショッキングなやりとりである。ちょうどそのころ、酒宴の席で、大海人皇子が長槍を持出してあばれた事件があり、後世の人たちの中には、てっきりこれも額田をめぐる三角関係だと解釈した人もあった。さらに、のちに起こった壬申《じんしん》の乱——大海人と天智の皇子大友との戦い——の原因の一つは額田にある、という見方もあったくらいだ。

こうなれば、まさしく額田は歴史をゆさぶった女性なのだが、最近ではこれは全く大アマな解釈だということになってきている。こんな三角関係は何のことはないというのだ。

そういえば、この歌をやりとりしたころ、すでに額田も大海人も四十がらみ、いまさら恋の愛のと逆上する年でもないし、歌にもどこか遊びのおもむきがある。さらにこの考え方を徹底させて、

「いや、あれは、宴会の席の座興だ。もう昔がたりになっている二人だからこそ、大っぴらにやったのさ」

という見方さえ出てきているが、このドライな解釈は案外あたっているかもしれない。というのは、古代の日本人は、現代人にも劣らないドライな心情の持ち主だから

だ。なかでも天智天武両帝は、ことにスケールが大きく、ドライさも群をぬいているから、たかが女一人のことで大事件をひきおこすとは、ちょっと考えられない。第一、そのころのつねとして、両帝ともに、額田よりも、もっと若く家柄のよい女性が何人もはべっていたのだから……。

ただ見逃してはならないのは、このとき、歌のやりとりをじっと見つめていたひとりの若い女性がいたことだ。その眼は両帝におとらず、ドライで、自分にもかかわりのあるそのことを、多分にやにや笑いながら眺めていたにちがいない。

その人は、大海人皇子の妃のひとり、鸕野讃良皇女《うののさららのひめみこ》――のちの持統天皇である。額田王のはでな動きに眼がくらんで、とかく地味な存在だが、額田に数倍するスケールの大きさで歴史を動かし、古代歴史に君臨したクイーン、名実ともに、日本女性の大物中の大物は、この持統天皇にほかならないのである。

天武帝の妃、持統天皇――いや、これは即位してからの称号だから、いまはまだ鸕野皇女というべきだろう――は、天智天皇の皇女だ。だから夫の天武帝とは、叔父と姪《めい》の関係になるが、これは別に驚くにはあたらない。当時はこうした結婚は、ごくあたりまえのことだったのだから……。

皇女がのちの天武帝――大海人皇子にとついだのは、十三歳ごろ。皇子はすでに二十七歳で、例の額田王との間に十市皇女を、ほかの妃との間に高市皇子をもうけていた。こんなふうに妃がたくさんいることも、あたりまえなことで、げんに皇女の同母姉にあたる大田皇女《おおたのひめみこ》も、同じころ大海人皇子の妃となっているし、このあとも、異母妹の新田部《にいたべ》皇女、大江《おおえ》皇女がつづいて後宮に送りこまれている。

天智帝が、かくも多くの娘たちを大海人のもとへとつがせたのは、もちろん政略的意図によるものだった。大化改新以後の政情は必ずしも安定しておらず、改新政治を推しすすめていた天皇は、有力な弟を、ぜひとも味方につけておく必要があったのだ。だからといって、十三歳で叔父にとつがされた鸕野皇女を、政治の犠牲者などといって、気の毒がるには及ばない。歴史書は皇女のひととなりを、

「深沈にして大度《たいど》あり」

と評している。つまり、じっくり落ちついていて、太っ腹だ、というのである。ちっとやそっとのことではおどろかないたちなのだ。

これは生まれつきにもよろうが、皇女のおいたちも相当に関係している。十三歳で叔父にとつぐ前に、このおさない皇女は、かずかずの政治謀略の嵐を経験している。その意味では、権謀術数に対して、とうに免疫になっていた。

そもそも、鸕野自身が権謀のおとしだねだったといっていい。天智帝はもと中大兄《なかのおおえ》

皇子《のおうじ》といい、例の蘇我入鹿《そがのいるか》暗殺のクーデターの立役者である。皇子はそのクーデターに先だって、蘇我氏内に仲間割れをおこさせるべく、蘇我倉山田石川麻呂《そがのくらやまだのいしかわまろ》の娘と結婚した。それが皇女の母、遠智娘《おちのいらつめ》だったのだ。

それでいて中大兄は、クーデターに成功したあと、石川麻呂に謀叛の疑いがあるとして、自殺に追いやっている。遠智娘はこれを悲しんで病気になり、とうとう死んでしまう。

父のために命を終わらされた祖父と母、こうした複雑な事情の中に生《お》いそだった鸕野が、「深沈、大度」の娘になっていったことは想像にかたくない。いや中大兄の殺したのはこの二人だけではない。権力の座をめざす戦いの中で皇子は、ほかの妃の父親や、その他のライバルを次々に殺していった。古代王権というものには、ある意味ではこうしたドライさがつきものだが、まさしくそのドライさにおいて、中大兄は一級の人物であり、その父のそばにそだった鸕野は、いつのまにか、そのドライ哲学を身につけていったに違いない。

さらに、例の薬狩りの折、鸕野皇女がデンと構えていた理由はほかにもあった。これより六、七年前、彼女は十八歳で皇子を産んでいるからだ。大海人の第二皇子、草壁《くさかべ》皇子である。そこへゆくと額田の子は十市皇女という女の子ひとりである。

――あんたなんか問題にならないワ。

皇女は腹の中でせせら笑っていたかもしれない。大海人の第一皇子の高市皇子の母は身分がそれほど高くないから、あとつぎとしては、草壁皇子は最有力である。

もっとも、それまでに姉の大田皇女は大伯皇女《おおくのひめみこ》を産み、草壁より少しおくれて、大《おお》津皇子《つのみこ》を産んでいる。マークすべきは、この大津だが、それはもっと先のことだ。

それより、鸕野皇女の気がかりは別にあった。父の天智帝が皇太弟である大海人をやめさせ、どうやら、自分の息子の大友をあとつぎにしたがっている気配なのだ。

――どうするつもりなのかしら。ここをじっと見ていなければ……。

その深沈たる瞳は、額田王よりもそのことにむけられていたにちがいないのである。

やがてこの問題が表面化するときが来る。天智帝が病気になり、わざと、位を大海人にゆずりたい、といいだしたのだ。が、大海人はこれをうけなかった。

「私はその任ではありません。大友皇子におゆずり下さい」

そう言うなり、出家して吉野の山奥に引込んでしまった。あざやかな身の退《ひ》き方である。

このとき、鸕野皇女はどうしたか？　父か？　夫か？　二つに一つを選ぶぎりぎりに追いこまれたそのとき、皇女はためらいもなく夫に従った。山深い吉野に従ったのは、多くの妃のうち、彼女だけだったという（姉の大田皇女はそれまでに死んでいた）。天智帝の死後、はたせるかな、大海人、大友両皇子の間に戦いがおこり、その結果、大海人が勝ったところをみれば、鸕野皇女の賭けは、みごとにあたったのである。

　大海人皇子が大和の飛鳥《あすか》浄御原《きよみはら》で即位して天武帝となると、皇女は選ばれて后に立つ。以来帝の片腕となって活躍するが、その片鱗をしめすのは、皇太子決定をめぐるときのことだ。

　天武帝には、高市皇子を筆頭に十人の皇子がいた。最有力なのは皇后の生んだ草壁皇子だが、大田皇女のわすれがたみの大津皇子は才気煥発、なかなかの大物だ。その上、天智天皇の遺児の中にも有力な皇子がいて、天武帝としても、おいそれとはきめにくい実情だった。

　そこで、天武帝は大芝居を打った。思い出の吉野の地へ、おもだった六人の皇子をつれてゆき、えりを開いてこれを抱きよせ、

「苦しい昔を思い出してくれ。そしてもう二度とこんな争いをしないように誓おう。お前たちはみな母がちがうが、私は、お前たちを同じ母の子としてかわいがってゆきたい」

　と言い、六人の中で、草壁皇子がすすみ出て、父帝の言葉をむだにしないと誓った。

そしてこのとき、同行した皇后も同じように六人の子供を抱いて誓いをのべた。

このちょっとばかり芝居がかった吉野の誓いの一幕の演出者は、鸕野皇后ではなかったか。六人の子を抱くなどというのは、いかにも女性らしい発想だ。しかも天皇とともに吉野の苦難時代を知っているのは、皇后と草壁皇子しかいない。その吉野を舞台にすることによって、皇后は、無言のうちに、草壁皇子の優位を宣言したのである。

やがて、その二年後、草壁は皇太子に立つ。皇后の発言力はさらに重みをまし、五年後、死の床にのぞんだ天武帝は、

「天下のことはすべて皇后と皇太子に相談せよ」

という遺言をのこしている。

天皇の死後、皇后は、称制《しょうせい》といって、皇后の身分のまま天下の政治をとるようになった。この皇后が、一番先にやったことは、自らたてた「吉野の誓い」を自分の手で破ることだった。

草壁皇太子の最も有力なライバルとみられていた大津皇子——姉、大田皇女のわすれがたみを、謀叛のうたがいで殺してしまったのだ。天皇の死後、一月もたたないときのことである。このとき二上山《ふたかみやま》に葬られた大津皇子をいたんで、姉の大伯皇女が歌った悲痛な挽歌が、万葉集に残っている。

うつそみの人にあるわれや明日よりは二上山をいろせとわが見む

（私はげんにこうして生きているが、明日からは、あの二上山を弟だと思ってながめるよりほかはなくなってしまった……）

政情はその後も不安だった。皇后は天武帝の仮の墓所の前で二年三カ月も、「もがり」という葬いの儀式をしつづけた。こういうときは皇族や有力な廷臣、地方の族長が、いれかわりたちかわり、供物をそなえ、「しのびごと」という弔詞のようなものを捧げるのだ。

このことで皇后は、天武帝の「死」がまだ終わっていないことを印象づけ、人々を緊張させ、あらためて忠誠をちかわせたのだ。そして供物は、まわりの貧民病者にあたえて恵みをほどこしたのだから、まさに一石二鳥の妙案である。

こうして人心をがっちり握っておいて、やがて草壁皇太子を天皇に――というのが、このやりての皇后の計画だったのだが、その成功まぎわに、思わぬつまずきがおこった。

草壁皇太子が、二十八の若さで急死してしまったのだ。ここまで何度かの賭けにも、一度も敗れたことのないこの大型女王は、はじめて、みごとな背負いなげを食わされたのである。

が、嘆いてばかりはいられない。草壁皇子の遺児、軽皇子《かるのみこ》はまだ七歳で、とうてい皇位にはつけないし、まだほかに天武の皇子がたくさんいる以上、うかつに皇太子に、などと言い出せない。

「しかたがない、私が皇位につきましょう」

皇后は決心する。かくて持統天皇は誕生した。いつも人のかげになって世を動かしていたこの女性にとって、この晴れがましさは、意にそまないことだったかもしれない。

女帝はまず軽皇子の最も有力なライバルと思われる高市皇子をわざと太政《だじょう》大臣にした。

敵の先手をうったみごとな手さばきだ。こうしておいて、女帝がまずやったのは、新都建設である。

「なき天武帝が、のぞんでいられたのだから」

と、藤原（いまの橿原《かしわら》市内）の地に中国風の、整然とした、碁盤の目のような道を持つ新しい町と宮殿を作った。これは今までのちっぽけな都とはまるっきり違う。いまこの宮跡が発掘されているが、その調査によると、のちの平城京におとらないものだったらしい。

もちろんたいへん費用がかかる。天武帝が二の足を踏んでいたことを敢然とやってのけた女帝は、より太っ腹だともいえるし、夫の遺志をつごうとするあまり、ソロバンを忘れた女性的発想ともいえる。

しかも、この大事業の最中、女帝は伊勢に旅行する計画を発表した。天皇の旅行となれば、またもや大物入りである。その上、時は三月、農繁期に輸送や食糧供出にかりだされる農民はたまったものではない。臣下のひとりは、職を賭して、

「おやめになったほうが――」

といさめたが、女帝はとりあわず、かえって彼をクビにしてしまった。

こう書けば、いかにも女らしい無分別、という印象をうけるが、じつは女帝の狙いは別のところにあったのだ。伊勢、志摩、伊賀などをまわって、その実情をこの眼でたしかめ、そこの有力者に官位をばらまいて味方につけて、その勢力範囲をひろげ、今後おこるかもしれない不満のたねを、事前につみとってしまったのだ。

　春過ぎて夏来るらし白妙の衣干したり天の香久山
この歌は、新しく完成した藤原京から、目の前にうずくまる天の香久山をみて歌った女帝の勝利の歌なのである。

さらにひとつ、

「先のみかどの御遺志だから」

と女帝が力こぶをいれたのは、法律の整備である。古代中国を手本にした法典「飛鳥浄御原令《きよみはらりよう》」は即位の前年に施行され、ここに、日本は律令国家――法律と官僚機構によって動かされる一人前の国家として歩みはじめた。

「こうしておけば安心だ。幼い軽皇子が位についたとき、たとえ力がたりなくても、法律さえきまっていれば、ごたごたはおこらない」

というオバアチャマの女帝の心づかいがのぞいているようにもみえるが、もちろんそのころの女帝は軽皇子の即位のことなどおくびにもださない慎重さだ。

ところが、それからまもなく、何と幸運にも、有力なライバルとみなされていた高市皇子が病死してしまった。

「ああ、やれやれ――」

やっと手足をのばす思いで女帝は軽皇子を皇太子にし、やがて位をゆずる。

女帝の死はその五年後、思えば長い道のりだった。

あくまでも慎重に、理性的に、そして時には果敢に――。特に夫の遺志をふりかざして、そのじつ、思いのままに世を動かし、したいことは口に出さず、そのくせ必ずやり通す、女性ばなれのしたこの持続力。ヒステリー症状のひとつもないあたりなど、夫を失った世の奥様方の見習わなければならないところであろう。

いま女帝は奈良県明日香村にある檜隈大内陵《ひのくまおおうちのみささぎ》に、天武帝とともに眠っている。濃い常緑樹につつまれた円い丘のたたずまいはおだやかで、そんなスケールの大きい女帝の墓所とは思えないやさしさだ。

皮肉にも、この古代のスーパー御夫妻の墓には後世盗人が入って、中の宝物を盗みだした。このことがあったおかげで、いまその御陵の中がどうなっていたかがはっきりわかっている。天皇家の御陵としては珍しいケースのひとつである。

藤原薬子――日本のクレオパトラ

とにかく、たいへんな美人であった。顔のシワの気になる中年の奥様方に、

「まあ……」

とためいきをつかせるようなエピソードつきで、藤原薬子《ふじわらのくすこ》は歴史の舞台に登場する。

なにしろ――。

娘の嫁入りについていったら、婿どのに熱をあげられてしまったのだ。こんなことはめったにあるものではない。それより、あまり似すぎた母親はお見合いについてゆくべからずというタブーがあるくらいだ。どんなきれいな娘さんでも、二十年たてばこのとおり、という実物見本つきだと、お婿さんはすっかり興ざめして、まとまる縁もこわれてしまう、というのである。

が、彼女の場合は、まさにその反対だった。婿の君は、花嫁そっちのけで彼女に熱

中し、彼女も思いがけないよろめきの美酒に酔いしれる。しかもその婿の君が、桓武《かんむ》天皇の皇太子、安殿《あて》親王――のちの平城天皇だったことから、歴史の歯車は、大きくきしみはじめるのである。

もともと安殿皇太子は、感情の起伏がはげしいたちだったらしく、のちに父桓武帝がなくなったとき、「号泣し、胸をかきむしりころげまわって悲しみ、しまいには、ぼうっとして立てなくなってしまったので、勇将坂上田村麻呂《さかのうえのたむらまろ》らが、かかえるようにして連れ出した」と、歴史の本には書いている。

このくらいの激情の持ち主だから、薬子のことを好きとなったら、もう前後の見境いもなくなったのだろう。

ところで薬子は、その少し前まで、桓武天皇の寵臣として政界にすご腕をふるっていた藤原種継《たねつぐ》の娘である。この種継は、桓武時代のはじめ、長岡（京都府）に都を移すことを献策し、その都づくりに熱中している間に、反対派に暗殺された問題の人物で、このため長岡京に遷都は行われたものの、長続きせず、新しく、平安京が作られた、といういきさつがある。

薬子は父の死後、同じ藤原一門の縄主《ただぬし》という男のところへとついで、三男二女をもうけているが、その長女が、安殿皇太子の妃のひとりとして召されたことが、思いがけないウバ桜の花を咲かせることになった。

もちろんこの不倫な情事を、安殿の父、桓武帝は許さず、早速薬子を宮中から追い出してしまったらしい。が、桓武帝が死ぬと、二人の関係はすぐもとへもどって、平城新帝のもとに、彼女は尚侍《ないしのかみ》という役目で、おおっぴらに出入りするようになった。

尚侍というのは、天皇のそばに仕えて身のまわりのお世話をする女官たちのチーフで、さらに天皇の意思を臣下に伝えたり、臣下の意見を天皇に取りつぐという政治的にも重要なポストである。

では、薬子の御亭主、縄主どのは？　哀れな役廻りを背負わされた彼は、九州の方へ転勤させられてしまったらしい。

こうして帝王の愛姫の座を獲得した薬子だが、ただ愛欲にふけるだけの女ではなかった。何しろやりての種継の血をひいている。ことごとに政治に口を出しはじめた。

もちろん、後ろでネジをまいている男がいる。兄の仲成《なかなり》だ。父が殺されて以来、藤原一門ではあまりパッとしなかった彼は、ここぞとばかり平城天皇にとりいった。

ちょうど、そのころ、天皇の異腹の兄弟の伊《い》予《よ》親王《しんのう》が謀《む》叛《ほん》の疑いで捉えられ、その母とともに自殺させられているが、これもどうやら、仲成と薬子が、平城天皇に忠義立てして、デッチあげた事件だったらしい。

と、こう書けば、平城天皇は、人妻の官能に酔いしれただけの人物のように思われるかもしれないが、一面では、父桓武帝がひろげすぎた政治計画を整理して財政の建てなおしを計るなど、一応の努力をこころみている。

が、情熱家のつねとして、根気の人ではなかった。自分の政策が、さほど効果があがらないとわかると、とたんに熱意を失い、体の具合も悪くなってしまった。ノイローゼ症状だったのか、大分不眠に悩まされたらしい。歴史学者の目崎徳衛《めざきとくえ》氏は、こうした平城帝の症状を、躁鬱《そううつ》病ではなかったかと見ておられる。

坊ちゃん気質の天皇は、もういやとなったら万事がめんどうくさくなったらしい。

「ああいやだ、いやだ。天皇なんかやめちまいたい」

こう思うと矢も楯もたまらず、さっさと位を弟の神野王《かみのおう》にゆずってしまった。これが後の嵯峨《さが》帝である。

自由の身になった平城上皇は、かねてから愛していた旧都平城京（奈良）に宮殿を作らせて移るが、人間というものは妙なもので、こうなったら、ケロリと病気がなおってしまった。

そうなればなったで、譲位したことが少し惜しくなって来る。

——早まったかな、これは……。

と思ってみたりするが、嵯峨帝側では、すでに着々と新政をはじめているし、平城帝時代の政策なども、遠慮会釈もなく変更してしまっている。しぜん上皇はおもしろくない。いや、上皇よりもさらに不満なのは薬子である。せっかくクイーンとして君臨しかけたのもつかの間、四年ばかりで隠居してしまったのが何ともくやしくてならないから、兄の仲成といっしょに、ことごとに新帝側の悪口を言いたてた。

こうして上皇と天皇の間は日増しに対立が激しくなり、ちょうど平城京と平安京と二つの都があるような形になってしまった。

「ちぇッ、あの小ざかしい女めが！」

新帝側は業をにやして、仲成を捕らえ、薬子の官位を剝奪してしまった。

こうなると上皇も後にはひけない。

「よし、それなら武力に訴えてでも」

と東国にいって兵をあげようとしたが、天皇側に機先を制されて、途中でつかまり、上皇は奈良へつれもどされ、出家させられてしまった。兄の仲成はとっくに殺されているし、進退きわまった薬子は、毒をあおいで自殺した。

王者に愛された驕慢《きょうまん》な孔雀《くじゃく》の自殺――ものがたりの筋からいえば、薬子の生涯は、クレオパトラそっくりであり、また、ちょうど五十年ほど前に中国で死んでいった楊貴妃は白楽天の「長恨歌《ちょうごんか》」によって、楊貴妃そのままといっていい。

が、クレオパトラはシェークスピアによって、永遠の美女となって残ったが、日本のクレオパトラ・藤原薬子は、お気の毒にもこうしたペンの名スポンサーがつかなかった。それどころか、日本の正史である「日本後紀」は、妖婦、淫婦、と口をきわめて薬子をののしっている。が、「日本後紀」は嵯峨天皇側から書かれた歴史だから、かなり割引きして読まなければならない。そう思ってみると、平城上皇の挙兵のあたりは、かなり眉ツバである。仲成と薬子が上皇をそそのかして、東国へ行って挙兵しようとしたということになっているが、それだけの計画があったかどうか。むしろ、クーデターを計画したのは嵯峨側ではなかったか。

なにしろクーデターの張本人であるはずの仲成は、のこのこ平安京へ出かけていったところを嵯峨側に捉えられているのだ。仲成という男、たしかにとるにたりない小人物だが、それにしても、主謀者にしては、やることが間がぬけすぎている。これは相手が網をはって待ちかまえていたのだとしか思われない。

仲成を捉えておいて、嵯峨側は上皇と薬子を急襲した。東国で挙兵どころか、二人は同じ車にのって、あわてふためいて逃げだし、途中でつかまったにすぎないのだ。

乱後、勝利者側は、薬子ひとり悪者にして、歴史のつじつまをあわせてしまう。薬子は貧乏くじをひかされたのだ。こうなると、女が歴史を作るどころか、歴史が悪女を作ったことになってしまうが、案外真相はそんなところかもしれない。

ただ、かけ値なしにすばらしかったのは、その女性的魅力であろう。なぜなら、平城上皇は、薬子の死後、女性そのものに興味を失ってしまったからだ。

上皇は薬子のおもかげを忘れかねていたのだろうか。死んでもなお、王者の心をとりこにしていたのだとすれば、やはりなかなかの魔女ではあるようだ。

丹後局——大型よろめきマダム

厳密なことばの定義を調べたわけではないが、普通「よろめき」というと、どうやら、お金もヒマもある中年夫人が、金もなければ地位もない若い者についふらふらとし、

「何を好きこのんで……」

と、まわりをあきれさせることのようである。ご本人は相手に金も地位もないそのことが、愛の純粋さを証明しているつもりでいるのだが、案外若い相手のほうは、彼女からしぼれるだけしぼりとるのが目的だったりして、しまいには、ストンとほうりだされてしまう場合もよくある。中年の女の恋というものは、なかなかカナシイものだ。

ところで、これから登場する女性も、中年の恋の経験者——いわばよろめきマダム

のひとりなのだが、彼女はよろめきの結果としてバク大な財産と、とほうもない権力を手に入れた。収支決算は大黒字なのだ。彼女をしのぐほどの大型よろめきマダムは現代もまだ出現していないのではあるまいか。

彼女の名は丹後局《たんごのつぼね》、本名は高階《たかしな》栄子という。あまりなじみ深い名前ではないが、じつは源平時代の立役者のひとりである。

よろめきマダムの常として、彼女の前半生は良妻賢母だった。夫の名は平業房《たいらのなりふさ》——といっても、清盛一族のようなパッとした家柄ではない。ごくありきたりの中流官僚で、彼女はその夫との間に二男三女をもうけた。

業房は中年すぎてから、やっとのことで相模守《さがみのかみ》になった。この国の守（長官）というのは中流官吏のあこがれのまとである。何しろ大変みいりがいい。国の守というのはいわば徴税請負人で、きまった税金をとりたてて中央に送るのが第一の役目なのだが、そこは腕しだいで、きまりの倍額をとりたててふところにいれても文句はいわれない。

だからだれでも国の守になりたがる。それをみごとにその座を射とめたのだから、業房はかなりのやりてである。もっともそのためには猛烈な運動をする。汚職天国のそのころだから、そのすごさは現代そこのけだ。そして、そのためには妻の栄子の涙ぐましい内助の功があったらしい。

彼女の実家は資産家だ。四代前のおじいさんは大宰大弐《だざいのだいに》といって九州総督代行兼貿易公社総裁のような役をつとめた人だ。これは国の守よりもひとまわり役得の多い役目だが、なかでもそのおじいさんは「欲の大弐」とよばれたくらいのすご腕だったという。

おかげで彼女の持参金は豊富だったし、都の郊外の浄土寺には、すばらしい山荘ももらっていた。彼女はこれらの財力を夫の出世のためにバラまいたのである。

業房がごまをすった相手は時の権力者後白河法皇だった。こうした「院」のとりまきになることが、当時は出世のための最短コースだった。相模守になると、彼の野望はさらにふくらむ。そこで彼らは、後白河法皇を栄子の浄土寺の山荘に招待する。

「あなたのためなら……」

栄子は歓待によりをかけたにちがいない。おかげで、業房のお覚えは、さらにめでたくなったようである。

ところが、人生というものはじつにふしぎなもので、夫婦ともどもの献身によって後白河法皇の側近第一号にのしあがった夫の業房は、そのおかげで、まもなく非運の死をとげることになる。後白河法皇の意をうけて、ひそかに平清盛打倒の計画をたてはじめたのが運のつきで、これを平家方にかぎつけられ、とらえられて殺されてしまったのだ。

「このひとのためなら……」

涙ぐましい献身を続けたにもかかわらず、五人の子供とともにとり残される、という悲劇的な場面で、栄子の人生の第一幕は終わるのだ。

ところが、である。

第二幕があがったところをごらんいただきたい。悲劇の妻、高階栄子は、まったく役がらを変えて登場する。

名前も「丹後局」と変わっているし、彼女のわきには、別の男性がいる。

そして、その男性こそ、だれあろう、今まで夫が献身をつくした後白河法皇その人なのだ。おまけに、二人の間には、すでに、かわいい女の子までいるではないか！

これはいったいどうしたことか。貞淑な妻高階栄子は、いつのまにか後白河の寵姫に早がわりしているのだ。この幕のおりている間に行なわれた興味あるドラマについては、残念ながら何も残されてはいない。ただ何となくわかることは、栄子のこのよろめきは、夫の業房が平家にとらえられたのと前後して起こったらしい、ということである。

おそらく栄子が法皇に泣きつき、法皇も栄子への同情の度がすぎて、ということなのだろう。浄土寺へ法皇を招いたときから、と見る人もいるが、そのあたりは、全くなぞである。

法皇の愛人になったとき、栄子はすでに四十がらみ、当時としては大変なウバ桜だ。それでいて遊び人の後白河法皇を、すっかりとりこにしてしまうとは……。いや、

「あたしってそんな女だったのかしら」

いちばん驚いていたのは彼女自身かもしれない。

国司の妻から天下の権力者の愛人へ――。やがて彼女は従二位を与えられ、夫の元の同僚たちは、みな彼女に頭を下げるようになる。

――楊貴妃。

ひそかに彼らはそうあだなしていたらしい。しかも彼女は法皇のただの愛人であるだけでなく、政治的にも発言力をもちはじめた。

安徳天皇が西海でなくなったあと、誰を天皇にするかで宮中が大もめにもめたことがあったが、このとき、後鳥羽天皇をあとつぎときめたのは、彼女だとも言われている。

「それにきまってます。なにしろ、私の夢におつげがあったんですから！」

確信にみちたその言葉は、ついに反対派を沈黙させた。
一事が万事、この調子である。官位の昇進にも任免にも、後白河の側近のだれより
も力のあるのは彼女で、後白河院政の後半は、まさにその手に握られていたといって
よい。
——なんだ、たかが受領の後家が……。
などといっていた大臣クラスの高官まで、ぴょこぴょこ頭を下げ、袖の下をもって
来る有様。いつのまにか、ごますり名人の彼女は、ごまをすられる立場になっていた。
私は別に丹後局の大型よろめきを手ばなしで讃美するわけではないが、彼女が単な
るよろめき夫人に終わらず、国政を左右するまでの実力を身につけたことはみごとな
ものだと思っている。
日本の場合、政治の表面に立つ女性はごく少ないし、いてもたいていは親や兄弟に
あやつられるロボット的存在だ。
が、彼女はちがう。自分の実力で皇位から高官の任免まで口を出しているのだ。戦
後二十年、婦人代議士が生まれてかなりになるが、そこまでの大ボスはまだ見当たら
ない。
もっとも彼女だけにかぎらず当時はこうした政治的女性がかなりいた。いわゆる王

朝の女流作家たちのようなはなやかさはないが、実力者ではあった。この関係は明治と昭和の女性に似てはいないだろうか。明治には樋口一葉とか与謝野晶子とか傑出した女性がいたが、数も少なく、活動範囲も限られていたし、一般の女の人の地位はぐっと低かった。戦後はそれほどのスターは出ていないが、行動半径はひろがり、実力もついて来ている。してみると、そろそろ丹後局クラスの大政治家？　もご出現になるかもしれない。

さて、丹後局がなにか現代女性を連想させるもう一つの要素は、彼女が経済的にぬけめのなかったことだ。彼女は愛する後白河法皇の死に先立って、二人の間に生まれた姫君のために、長講堂領《ちょうこうどうりょう》という法皇の財産の中で最大の所領をちゃんと譲り受けている。彼女自身には、これとは別にかなりの所領をもらっていることはもちろんであるが、こんなところ、「欲の大弐」とよばれたご先祖の血はあっぱれ、彼女の中に脈うっていたようである。

西洋でもフランス王、ルイ十五世時代、その寵愛をうけたポンパドゥール夫人という女性がいた。一士官の娘で、富裕な徴税吏に養われ、その甥《おい》と結婚するが、美ぼうと教養によって、王の愛妾となり、国政を左右した。王はこの氏素性のない女性にポンパドゥールの所領を買いあたえ、以来、ポンパドゥール侯爵夫人とよばれるようになったという。

このポンパドゥール夫人の肖像は今も残っていてその美ぼうを知ることができるが、日本のポンパドゥール、丹後局は肖像さえも残っていないのはちょっとばかり残念だ。

一説によると丹後局は後白河法皇の死後、法皇の皇子の、承仁法親王《しょうにんほっしんのう》によろめき、彼を比叡山の座主《ざす》（貫首）にするために大活躍をしたともいわれている。これが本当ならこのときはすでに五十をとっくに出ているはず。まさにバケモノ的なみごとさだ。老いてなお新しい恋人のために献身しようとする彼女の姿はちょっとこっけいでもある。

が、考えてみれば彼女の一生は献身の連続ではなかったか。業房を出世させようとしての献身はもちろん、国政に口をだしたのも、後白河への献身のあまりついにそういうことになったのかもしれない。献身の相手がいなくなると、新しい対象をさがさずにはいられなくなる――それが彼女のよろめきの最大の原因だったのだろうか。

（二〇〇三年記）

〈追記〉この稿を執筆当時は、安徳天皇の後を後鳥羽天皇としたのは彼女だ、というのが研究者の見解だったが、その後発言したのは別の女性だという研究者が現われた。現在は丹後局説は否定されているようだ。

阿野廉子——南北朝の妖霊星

天王寺の、や

ヨウレボシを見ばや……

十四世紀のなかば近く（鎌倉時代末期）に、こんな歌がはやったらしい。ヨウレボシとは妖霊星《ようれぼし》——不吉を予言するふしぎな星のことだ。はたせるかな、それからまもなく、兵乱が起こって、鎌倉幕府はほろびてしまったというのだが、乱世は、地上にも妖霊星に似たひとりの女性を送りだしている。

後醍醐《ごだいご》天皇の寵姫《ちょうき》、阿野廉子《あのれんし》——。戦後南北朝はあまり関心をもたれていないが、この時代を語るときには見のがすことのできないスーパーレディーである。

彼女のおかげで南北朝の歴史がひっくりかえった——とまではいわないが、重大事件がおきるときは、ふしぎに彼女がその背後に姿をちらつかせているのだ。

彼女は公家《くげ》の娘で、もとは後醍醐の中宮、禧子《きし》に仕える女房だった。それがいつのまにか直接後醍醐帝の寵をうけるようになってしまった。といえばいかにもしたたかな女にみえるが、これは別に彼女だけが特にスゴい女だったのではない。後醍醐にはかなり寵姫が多く、生まれた皇子は十八人。皇女も十八人。阿野廉子はこのうち三人の皇子を産んでいる。

このころの世の中は風紀が極度に乱れていた。

「このごろ都にはやるもの……」

という書き出しにはじまる落首に、

内裏《だいり》おがみと名づけたる

人の妻《め》どものうかれめは

よそのみる目も心地あし……

という一節がある。内裏おがみという名目で宮中におしかけて行く人妻たちは、公家と何をしているのか……というわけだ。じじつ、公家たちが私邸で催した酒盛りは相当なものだった。

公家は烏帽子《えぼし》をぬぎ（これはたいへん失礼なこととなっていた。今ならステテコ姿というところだろうか）、法師は衣をぬぎ、いずれも裸同然、そこに年ごろの若い女に「すずし」のひとえだけ着せて酌をさせて大騒ぎ、すずしのひとえというのは薄物だから、乳房まですけて見えるというセミヌードである。どうやら現代のワイルドパーティーさながらの光景だが、ただ一つちがうことがあった。

彼らは放縦な酒宴のかげにかくれて、じつは革命の謀議をかさねていたのだ。革命、すなわち鎌倉幕府の打倒で、このパーティーの陰のスポンサーは、後醍醐帝だった。

が、残念ながら、最初の彼らの計画は挫折して、後醍醐は隠岐に流される。阿野廉子が歴史の表面に躍り出るのは、この瞬間である。

「私もご一緒に……」

数多くの寵姫の中から、彼女ひとりが名のり出た。天皇とはいいながら、今はとらわれの身、お供には乗り物は与えられない。

「それでも……」

と彼女は言い、侍女とともについに都から山陰までを歩き続けた。

人間には、運にのればめっぽう強いが、裏目が出ると急にもろいたちと、ピンチになるとがぜん馬力を発揮するのとがある。

廉子はまさに後者で、後醍醐配流《はいる》という大ピンチにその力は遺憾なく発揮された。今とちがって交通不便な都から隠岐へ徒歩でとは、決死の覚悟がなければ、

「おともいたします」

とは言い出せない。

が、彼女は敢然とそれをやってのけた。隠岐での監視つき生活は、長途の旅にまさるとも劣らぬ苦しさだったが、彼女はそれにも耐えてつねに後醍醐帝を力づけた。

それから一年——この間にも世の中は激しく変わりつつあった。後醍醐をここまで追いつめたはずの鎌倉幕府の基礎がゆらぎはじめたのだ。隠岐の幽閉生活の間にも、ひそかに本土と連絡をとり続けて来た後醍醐帝が、それを気づかないはずがない。

ちょうどそのころ、廉子の侍女がみごもっていて、急に産気づきはじめた。真夜中だったが、知らせをうけると、廉子はとびおきてすぐ産所へゆく輿《こし》を用意させた。

「こんな夜中に」

と見張りの侍たちが寝惚眼《ねぼけまなこ》をこすったとき、りんとした廉子の声がひびいた。

「すぐ通して下さい。なじみ薄い島人ばかりでは心細かろう。行ってやらねばなりませぬ」

暗闇《くらやみ》の中にあわただしく輿は消えた。

その翌日である。島から忽然《こつぜん》と後醍醐の姿が消えたのは……。輿の中には廉子とともに帝自身がひそんでいたのだった。

見つけ出されれば殺されかねない瀬戸ぎわで、この度胸！　ピンチに強い廉子の捨て身の賭けはまさに大成功だった。

かくて後醍醐は島から脱出、一方鎌倉幕府が倒されて、いわゆる建武中興時代がやって来る。廉子は足利尊氏、新田義貞、楠木正成らと並んだ最高殊勲選手として、発言力を強める。世の中の人はこれを見て、

「今の時代には男の子よりも女の子を産むにかぎる」

と言ったと物語には書いてある。

が、建武中興には、すぐ行きづまりが来た。武士の世を根こそぎ変えてしまおうという新政府の方針が、時代の動きを無視しすぎたものだったからである。大方の武士は、北条政権には反対だったが、武家社会そのものには反対ではなかったのだ。だから武家勢力を無視した恩賞の与え方などには、不満をもつ者がかなりいた。

この武士の総意を代表する存在が足利尊氏であり、逆行的な建武政治の狂的な信奉者が後醍醐の皇子護良親王だった（この名はふつうモリナガとよんでいるが、モリヨシとよむ説が有力である。また護良は大塔宮ともいうが、これはオオトウノミヤが正しい）。

そして、尊氏、護良、二勢力の間に立って阿野廉子は、微妙な動きをみせはじめる

のである。

足利尊氏と護良親王——この対立する二人の間を、阿野廉子はどう泳ぎまわったか？

彼女は最初は護良派だったらしい。なにしろ護良は北条打倒の急進派で、果敢なゲリラ戦をやって後醍醐帝を助けた人だったから、これは当然なことだ。

建武の新政がはじまってまもなく、護良親王は奥羽地方へ皇子を派遣することを提案した。そしてその役に選ばれたのが廉子の産んだ第三子、義良親王だった。

これは足利尊氏へのけん制球である。北条氏滅亡後、新政に不満をもつ武士が尊氏の所へ集まるのを警戒した護良親王は、奥羽へも公家の勢力を植えつけようとしたのだ。

ところが、半月とたたないうち、今度は廉子は、足利尊氏の根拠地である鎌倉にも、義良の兄、成良親王を送りこんでいる。

おやおや……。これはどうしたことか？　思わず首をかしげてしまうが、やがて第三の事実がそのなぞをといてくれる。

立太子——後醍醐のあとつぎが決まったのだ。えらばれたのは、義良、成良の兄——つまり廉子の長男、恒良親王だった。

なるほど、みごとな手さばきだ。彼女は護良、尊氏両方によしみを通じておいて、恒良立太子への道を開いたのだ。今や後醍醐、護良、尊氏、三者のそばには必ず廉子の子供が密着している。どっちへ転んでも損のないのは彼女である。

そのうち護良と尊氏の間はますます悪化する。時代の動きに逆行している護良を支持する勢力は次第に少なくなり、それに反比例して護良自身はますます急進化し、後醍醐との間もしっくりゆかなくなる。

落ち目になった護良親王はあせりにあせって、遂に尊氏暗殺を計画するが、それがバレてかえって尊氏に告発され、とらえられて鎌倉へ送られる。

しかも見のがすことのできないのは、尊氏の密告を後醍醐に伝えたのが、だれあろう阿野廉子だということだ。この時点では、彼女は完全に護良親王を離れている。

これはなぜか？

時勢に逆行する冒険主義の行きづまりを見ぬいていた、ともいえるが、ひとつには、将来恒良皇太子をおびやかすかもしれない護良を、この機会に追放してしまおうとしたのではないか。そしてたくみに後醍醐をときつけ、追放にもって行かせたのではないだろうか。

護良は、とらえられたそのとき、

「尊氏よりも、父後醍醐がうらめしい」

と言ったという。後醍醐帝のためにと働いて来た護良にしてみれば「もう用はすんだ」とばかり投げだされた思いがしたにちがいないが、そのとき、彼は阿野廉子の存在に気づいていたかどうか……。

周知のように護良はその後悲惨な死をとげるのだが、そもそも、足利尊氏の手もとに送られたとき、護良の運命はきまっていたといっていい。敵の手に渡されることは、すなわち、生かすも殺すも勝手と、のしをつけて進呈されたことなのだから。

しかも、護良にとっては不運なことに、北条氏の残党による「中先代《なかせんだい》の乱」が起こって、鎌倉は危うく攻め落とされそうになった。

「そうなったとき、護良を敵の手に渡してはますます事がめんどうになる」

と思った足利勢は、どさくさにまぎれて親王を殺してしまう。おかげで足利尊氏は、戦前までは、「大悪逆人」ということになっているが、ほんとうに護良の運命をあやつったのは廉子ではなかったろうか。

天秀尼――かけこみ寺の守護女神

やくざの世界の物語で、殺人犯にころがりこまれた大親分が、
「安心しな。俺の目の黒いうちは、おめエに指一本触れさせやしねえ」と大見得をきる場面がある。が、実際には法を犯した者を官憲の手からかくしおおせるということは、容易でない。いや、こうした無法者でなく、ある程度正当性をもつ逃亡者――政治的亡命者を保護することもなかなからくではないことは、すでにわれわれも見聞きしているとおりである。

ところで、三百数十年前、かよわい女性の身で、幾人かの女性の命をかばって大活躍したうら若い尼僧がいる。

天秀尼《てんしゅうに》――といってもなじみが少ないが、じつは淀君の孫娘、例の豊臣秀頼のわすれがたみである。おことわりしておくが、有名な千姫との間の子ではない（千姫には

子供がなかった）。別の側室成田五兵衛という侍の娘がその母である。

大坂の陣での豊臣方の敗北は彼女を一瞬にして、オヒイサマの座から戦災孤児へとつきおとす。国松という兄もいたのだがこれは斬殺、同じく戦争犯罪人の子供だが、女であるという理由で、彼女だけはやっと一命を助けられ、千姫の養女分として鎌倉の東慶寺という尼寺にあずけられることになった。

もともとこの寺は格式の高い尼寺で、代々毛ナミのいい女性が住持になるならわしで、罪を犯した人やその家族をかくまう、いわば治外法権的な権力を持っていた。身分は高いが戦犯の娘でしかも孤児となった彼女には、まことにふさわしいすみかだというべきであろう。

天秀尼がこの寺へはいったのは八歳のとき、やがて師のあとをついで住持となるが、彼女が三十になるやならずの時、事件が起こった。会津若松四十余万石の城主加藤明《かとうあき》成《なり》の家来、堀主水《ほりもんど》という侍の妻子が、

「お助けください」

と、ころがりこんで来たのだ。聞けば夫が主君明成と意見があわず、一族ともども会津を出奔したのだという。主水は主人の非を幕府に訴えるつもりだったが、それより早く、怒った主人の明成が追って来たので、とりあえず高野山に逃げこんだ。

「ところが高野山は女人禁制。なにとぞ私どもだけ、この寺におかくまいください」

主水の妻は天秀尼の法衣にすがりついた。

が、とにかく当時は、

「君に忠」

は憲法第一条である。いかに主水の言い分が正しくとも、主に背くのは憲法違反の重罪だ。

じつは高野山も昔から罪人をかくまう治外法権的な特権をもっていたのだが、徳川の全国統一に従って次第に力がうすれ、明成のおどしにあうと、あえなく腰くだけになって、ついに主水兄弟をひき渡してしまう。

勝ちほこった明成は、彼らを斬殺、こんどは東慶寺に妻子をよこせと言って来た。天秀尼は徳川の忠君憲法と、明成の強情の前にきびしい対決を迫られることになった。

堀主水の妻子を助けるか助けぬか——。

このとき、さらにもう一つ、彼女の心をかき乱す理由のあったことを見のがすことはできない。というのは、実はこの堀主水は、彼女にとっては、大坂の陣で父秀頼と戦った敵の片われでもあるのだ。

主水の主人、加藤明成は、孫六嘉明《よしあき》のむすこである。嘉明といえば、秀吉のお気に入りの一人、賤《しず》ケ岳《たけ》七本槍の一人である。それが、秀吉の死後は、さっさと徳川方に寝返って、大坂の陣には攻め手に加わって活躍した。そのとき、もちろん堀主水も加わっていたし、げんに堀におちた主人嘉明を助けたことから、堀主水という名前までもらっているのだ。

父を敗北の淵に追いこんだ堀の妻を助けるべきか否か、天秀尼の心は複雑だったに違いない。その間にも明成の手勢は迫って来る。男子禁制の掟《おきて》にもかまわず、

「堀一族をよこせ」

土足の侍たちがわめきちらしたとき、ついに彼女の心は決まったのだ。

「おさがり、昔からここに逃げこんだものは、決して引き渡さないという掟があるのを知らないのか。規則無視は許されませぬぞ」

さっそく明成の非を養母の千姫を通じて将軍家光に訴えた。

「無礼者明成をつぶすか、この寺をつぶすか、二つに一つでございます」

ついに幕府は彼女の言い分をききいれ、明成の四十余万石は没収、代わりに一万石与えて家名だけをつがせることにした。

彼女は見事に勝ったのだ。天下の高野山が守りきれなかった憲法違反者の妻子のいのちを女の細腕で守り通したのである。

もちろん千姫という後ろだてがよかったせいもあろう。また幕府としても、外様大名は機会があれば取りつぶしたかったのだから、むしろ幕府が天秀尼を利用したともいえるかもしれない。が、それにしても、カンジンなのは彼女の意向である。

　高野山の前例があるのだから彼女がゴモットモと引きさがってしまえばそれまでだ。時流におもねるどこかの国のえらい人のようなイエスマンだったら、とてもできない芸当だ。天秀尼のやったことはかなりに高く評価されてよい。

　しかもこのとき寺の掟を守ったことが、のちに大きな意味をもつ。

「縁切り寺」「かけこみ寺」といえば、ああそうかとうなずかれるだろう。夫や姑《しゅうとめ》に虐待されても自分の方から離婚を申し立てられなかった当時の女性にとって、この寺は長く救いの場所になるのだ。この恩恵に浴した不幸な女性は数知れない。

　今ここに書いた堀主水事件は、最近まで、真相がはっきりしなかった。加藤明成がとりつぶしにあったことは有名だが、このとき、明成は主水だけでなく、妻子も東慶寺からひきずり出して殺したと考えられていた。

　ところが、数年前、鎌倉の東慶寺を中年の夫人が訪れて、

「じつは、私の家には、先祖がこちらで助けられたたという言いつたえがございますので、お礼まいりをさせていただきたくて」

と申し出た。よくよくたずねてみると、その先祖こそは、堀主水の妻、その人だったのだ。天秀尼によって助けられたその妻は、やがて故郷に帰り八十三歳の天寿を全うした。福島県田島には、彼女の墓が残っている。

じつはこの話は、現東慶寺住職井上禅定氏から直接伺ったお話である。主水の妻については東慶寺には何も残されていなかったのだが、墓石によって、従来の通説が訂正されるという、おもしろい結果になった。

主水の妻子を助けた天秀尼は、事件の数年後三十七歳でこの世を去った。東慶寺にはこの天秀尼の木像の頭部と伝えられるものが残っている。いわゆる近世風の彫刻だから個性的な表現には乏しく、お人形的な美しさになっているが、ほのかなほほえみをうかべながらも、口もとはりりんとひきしまり、なかなか気韻に富む風貌《ふうぼう》である。

敗者の遺児がかよわい女性を守り、さらにのちの世の女性の不幸を救うことになったというのは、ふしぎなめぐりあわせのようでもあるが、戦争のいたでを負った天秀尼だからこそ、必死になって女の味方になったともいえるかもしれない。

ついでにいうと、東慶寺に現在残る縁切り文書をみると、離婚の制度がととのって来るのは徳川中期かららしい。原則として二十四カ月寺入りすれば再婚も自由ということになっているが、妻の訴えがあってすぐに夫が離縁状をかけば寺入りに及ばなかったようだ。

が、話がこじれると、寺役人が夫の所へ出向いて離縁状をとって来る。こんなときの出張手当、弁当代は女性側が払う。また寺入りには食費も納めなければならなかったから、離婚もらくではなかった。

明治以後この寺も男僧が住持となり、縁切り寺法も廃止された。それから百余年――。

「戦後強くなったのは、くつ下と……」

といわれているほど女が強くなったからには、もう「かけこみ寺」はいらないという説もあるが、さてどんなものだろうか。

やさしい顔をした天秀尼と、現代女性と、どちらがツヨイのか。これはちょっとむずかしい問題である。

天璋院――守備型女性のナンバー・ワン

秀吉、家康時代はともかく、徳川歴代将軍の夫人たちの中には、トップレディーとして語るにたる風格をもつ女性はほとんどいない。

もともと将軍のほとんどが、床の間の飾りもので、ろくなのはいなかったし、その正夫人といえば、さらに輪をかけた飾りものにすぎないし、側室はまた、そうした無能な将軍が、ほんの出来心で手なぐさみにした連中が多いから、そこにスーパーレディーを求めることじたいがむりなのだ。将軍夫人というものを「あとつぎ製作所」としか見ていなかったあの時代にも責任はあろう。

が、その中で、なかなか個性的なのは十三代将軍家定《いえさだ》夫人の天璋院《てんしょういん》である。トップレディーの中では最も不運な一人だが、その不運さがみごとなのだ。

彼女の生涯の特色は、幸運と不運が、つれだってやってくることだ。

最初の幸運は、いうまでもなく、将軍夫人にえらばれたことで、これは典型的な「玉の輿」だった。

彼女は薩摩の島津家の支族、島津忠剛の娘で、天保七年（一八三六）さいはての鹿児島でうぶ声をあげた。名は敬子《すみこ》という。以前は将軍の正夫人は都の公家のお姫さまを迎えることになっていたのだが、これより少し前に、西南雄藩の島津家では、十一代将軍家斉《いえなり》に娘をとつがせ、政治的な発言力を強めたことから、さらに第二弾として、十三代家定に彼女を送りこんだのである。

もっとも外様大名の島津家のそのまた支族ではぐあいが悪いので、本家の藩主斉彬《なりあきら》の養女にし、さらに右大臣近衛《このえ》忠煕《ただひろ》の養女ということにして、将軍家にゴールインした。この三段とびの間に名前も篤姫《あつひめ》とかえている。

しがない支藩の娘から一躍将軍夫人へ。女としては最も栄光に輝く出世コースである。島津家が、かくも強引に彼女をおしこんだ理由は、幕府内での発言力を強めようとしたためもあったが、もう一つ、さし迫った理由があった。というのは、島津家内に深刻なお家騒動がはじまりかけていて、養父斉彬は、自分のバックに幕府の力がほしかったからだ。

さらに、外部からも彼女の結婚をあと押しする勢力があった。当時将軍のあとつぎをだれにするかについて、議論がわかれていて、一橋慶喜《ひとつばしよしのぶ》を推す一派が、彼女に夜の床で寝物語に将軍をくどかせようとしたのである。

ときに篤姫（敬子）は二十一歳。いまならやっと成人式をすませたばかりのうら若い彼女の肩には、二重三重の重荷が背負わされていた。

ところで――。この話、何かおかしいところがあるとお気づきにはならないだろうか。

「寝物語で養子をきめさせる……」

これではまるで、はじめから彼女が将軍家定の子を産まないときめてかかっているようなものではないか！

まさしくそのとおり、彼女の夫となるべき家定には、子供を作る能力はなかったのだ。

篤姫が将軍家定にとつぐとき、養父の島津斉彬はこう書いている。

「将軍家は病弱の人にて、其の方御台所となりても、さぞさぞ心配なるべく、かつ、気の毒のことなり」

つまり、家定が、尋常の男性でなかったことは公然の秘密だったのだ。それでも家定は、篤姫の前に二人の夫人を迎えている。それが次々と死んでしまったあと、

「もう嫁サンはいらない」

と乗り気でもなかったのに、むりやり、まわりから篤姫を押しつけられた。支藩の娘から将軍家の御台所へ——篤姫の三段とびの栄光のかげには、すでに不運が宿っていたのである。

が、「かわいそうに」とだけ言ってすませてしまっては、かえって篤姫がかわいそうだ。もともと、彼女たちには自由な恋愛結婚などははじめから許されてもおらず、彼女たち自身、そんなことは考えもしなかったろうから。こうした政略結婚は、当時としてはよくあることで、複雑な政局の中へ送りこまれるということは、むしろ、

「あの娘ならやれる」

と政治手腕を期待されたことでもあるのだ。

さて、めでたく将軍夫人となった彼女は、うまく政治手腕を発揮できたろうか？

残念ながら答えはノウだった。たしかに島津家の幕府での発言力はましたものの、自分の家のお家騒動を押えることはできなかったし、寝物語で一橋慶喜を将軍のあとつぎにすえることにも失敗した。

では彼女の政治的手腕はゼロだったのか？

この答えもノウである。彼女に手腕がなかったのではない。腕をふるうより先に、

彼女の弱き夫家定が死んでしまったのだ。結婚して二年目、まだ二十三歳の若さで未亡人の彼女は天璋院とよばれることになる。

あとつぎは、紀州藩から家茂《いえもち》が迎えられた。一橋慶喜の対立候補だから、しぜん彼女としてはおもしろくなかったにちがいない。しかも、すでに幕末、幕府の勢いはとみに衰えつつあった。これを挽回《ばんかい》しようとして叫ばれたのが「公武合体論」で、その一方策として考え出されたのが家茂と皇女和宮《かずのみや》との結婚である。

もちろん彼女がそれに反対したとは思われないが、この和宮降嫁《こうか》が実現すると、とたんに、あおりを食ったのは天璋院だった。和宮は江戸に下っても御所風の生活を主張し、皇女の威厳を保とうして、義理の母である彼女への最初の贈り物の表書きには、

「天璋院へ」

と名前をよびすてにしてあった。現在の皇女のお嫁入りと比較してみて、お姑さんをよびすてとは少し乱暴なような気がするが、和宮としても当時の政治情勢から、むりにも肩ひじを張る必要があったのだろう。かくして典型的な嫁、姑の冷戦が始まるのだが、双方とも侍女が多いだけに、事はめんどうになった。

天璋院と和宮の不和はかなり有名だ。対面のとき、天璋院が上段の間でしとねを敷いているのに、和宮には、しとねも敷かせなかったとか、明治以後は、どうも天璋院

への風当たりが強いようである。二人の対立は、複雑な政情を反映してのことで、どちらが悪いとは一概には言えない。むしろ二人とも公武合体という不自然な政策の犠牲者というべきではないだろうか。

世の中のお姑さんの肩をもつわけではないが、この天璋院も決して心の狭い、嫁いびりの意地悪ばあさんではなかった。それどころか、この直後に訪れる彼女の生涯最大のピンチに、なかなかみごとな生き方をしている。

最大のピンチ——それは幕府の瓦解、江戸城あけわたしである。しかも皮肉なことに、攻めて来るのは、彼女の実家の薩摩の軍隊なのだ。もし彼女が頼ろうと思えば、こころよく迎えてくれたかもしれない実家の軍隊——しかし、彼女はそれをしなかった。

「私は徳川の人間だから」

と最後まで江戸城にとどまりいよいよ立ちのくというときも彼女だけは、身のまわりの調度家具類を一切運び出さずに、身一つで一橋家へ移った。

「あたふたと財宝を背負って逃げたと思われるのはくやしい。徳川家の大奥がどんなにみごとなものか、長州、薩摩の者どもに思いしらせてやるのだ」

床の間の掛け軸も、金銀の飾り物も、そのままにしてあったという。いかにも誇り高き女王の退場にふさわしい姿である。

維新後、廃藩置県によって、実家の島津家からの経済援助もとりやめになった。徳川家からも月々の手当ては二十五円だけだったという。それでもぐち一つこぼさず、二百六十人もいた女中たちの一人一人の身のふり方まで心配してやった。

また慶喜のあとつぎに定められた弱年の家達《いえさと》の身の上についても、いちばん親身になってめんどうをみたのは彼女だった。日常生活はどんどんきりつめる一方、率先して家達の洋行を許すなど、頭の切りかえの早い人だったらしい。また彼の結婚についても、直接相手の近衛家へ出向いていって、これをとりきめたのは彼女だった。和宮は当時出家して、すでに京都へもどっており、結局徳川家の面倒を最後まで見つづけたのは天璋院なのである。

彼女の政略結婚は、結果的にみれば、ひどく不幸なものだった。が、彼女はその中でただ運命に押し流されていたのではなかった。彼女にとって最も不幸なとき、天璋院は彼女の能力を最大限に発揮して、女としてのみごとさを見せてくれた。今は幸いにしてあくどい政略結婚はなくなったが、それでも中にはお互いの家の財産をめあての結婚はないでもない。そして運悪く婚家が倒産でもすると、

「こんなはずではなかった。別れたいわ」

とすぐ言いだす奥さんがいる。そうした人は、天璋院の生き方を見習ってほしいものである。勝海舟は書いている。

「薨去《こうきょ》の折、私は老女と立会い捜索せしに、御手文庫の中に、僅に三円あるのみ。余は少しも金円等あることなかりき」と。

彼女はここに書いた幾人かの女性のように、積極的に歴史にゆさぶりをかけた女性ではない。が、幕府の崩壊期にあたって、彼女はみごとに、殿軍《しんがり》をつとめおおせた。古来攻めるよりは守るほうがむずかしく、中でも敗けいくさの殿軍をつとめることがもっともむずかしいとされている。女ながらもこの役割を完全にはたした天璋院は、歴史の中の守備型女性のナンバー・ワンといえるかもしれない。

若江薫子――尊王攘夷の女流政治評論家

彼女は成功者ではない。歴史にゆさぶりをかけようとしては度々挫折し、今はその名さえ忘れられている。

若江《わかえ》薫子《におこ》――といっても、おそらく、知っている方は少ないにちがいない。烈しい熱情にみちた、しかも不遇だったその一生は、もはや、だれからもかえりみられることもないようだ。

が、幕末においては、彼女は女性ながらも、烈々たる志士魂の持ち主だった。ガクのあること、理論的で弁舌さわやかなこと、おそらく現代の女性議員も顔まけなのではなかろうか。

しかも彼女は、のちに世間をギョッとさせるようなことをやってのけている。明治政府に、堂々たる「建白書」をさしだしたのだ。いうなれば、

「拝啓総理大臣サマ……」

のハシリである。女性が時の政府に食ってかかる——まさに前代未聞のことだ。マスコミが今のように発達していたら、彼女のイサマシイ発言をすてておくはずがない。テレビ、ラジオ、新聞、雑誌は殺到し、かくて参院全国区に立候補すれば、当選まちがいなし——と私は思っているのだが……。

が、彼女の生きたのは、明治百年ならぬ明治元年前後だった。残念ながら時勢がちがっている。

それにしても、百年も前に、なぜ彼女はそんなことをやったのか？　それにはまず、彼女のおいたちを調べてみなければならない。

彼女の家は代々学者で、父は漢学者として伏見宮《ふしみのみや》家に仕えている。先祖は菅原道真——天神サマというから、そのほうでは筋金入りの家系である。

この家のひとり娘の薫子が学問ずきになったのは、あたりまえといえばあたりまえだが、幼女時代、すでに四書五経をそらでおぼえて父をおどろかせた。やがて父はこの天才少女を岩垣月洲という学者にあずけた。そこで彼女の学才はさらにみがかれ、十八歳になると、むずかしい注釈書を書いて先生にまで舌を巻かせた。

もっとも父が、

「この子に学問を――」

と思いついたのにはわけがある。公家の血すじの家に生まれながら、彼女はチビで色黒、そのうえ近視で斜視でもあった。薫子というかぐわしい名にはおよそふさわしくない顔だちだった。おまけに疳《かん》をわずらって、顔がひきつっていたというから、顔面神経痛ででもあったのだろうか。

これでは、しょせん尋常な女の幸福はのぞむべくもない、せめて読み書きの師匠になれるだけの力をつけておけば、婿に来てくれる人がいるのではないか……それが父のひそかな願いだったらしい。

期待にたがわず彼女はよく勉強した。習字のほうも相当の腕前になった。そしてやがて、新しい運のひらけるときがやって来た。

学問ずきの薫子の前にひらけた幸運――それは思いがけない家庭教師の口がころりこんで来たことだ。相手は一条左大臣家の二人の姫君。薫子はハリ切って新しい職場にとびこむ。学問ずきの彼女は、教師としても一級品だったらしく、その甲斐《かい》あって、この姫君のひとりは、めでたく皇太子のお后に選ばれた。

そもそもこの縁談のはじめに、宮中から、ひそかに薫子へ問いあわせがあったという。

「一条家の姫君のうち、どちらが皇太子妃としてふさわしいお方であろうか」

薫子はあれこれ考え、

「お妹君の寿栄《すえ》姫さまは、お人柄といい、ご教養といい、まさに未来のお后として、はずかしくない方と存じます」

と答えた。かくて寿栄姫の入内《じゆだい》がきまるのだが、この皇太子こそ、のちの明治天皇であり、寿栄姫は、昭憲皇太后の若き日の姿だったのである。

わが教え子が皇太子妃になったことから、薫子は大の皇室ファンになった。もともと彼女は尊王攘夷の思想の持ち主だった。少し学問をしたインテリなら、徳川封建社会のいきづまりに気づき、この新思想にひかれるのが当時の風潮で、彼女もその例外ではなかったのだが、寿栄姫の入内はそれに拍車をかけた。

しかし、まだ徳川の世が続いていたそのころは、尊王攘夷は、反体制的、現状否定の革命的思想であり、危険思想だった。薫子が熱烈な尊攘思想家になればなるほど、父親はハラハラしていたらしい。

やがて歴史は大転換し、幕府は倒れ、明治維新が実現する。教え子の寿栄姫は輝かしい皇后として、万民にあおがれることになる。薫子はまさに得意の絶頂……と思うのだが、意外にも彼女は大不満だった。

なぜか？

彼女の考えによれば、

「話がちがう」

からなのだ。たしかに改革は断行された。幕府は倒れ、天皇制の政府ができあがった。その意味では尊王はまさに実現された。

「が、もうひとつの攘夷のほうはどうなのさ。ひとつも実現されないじゃないの！」

彼女の不満はそれだった。

がぜん憤慨した薫子は激烈な建白書を政府にたたきつける。

「昧《まい》（私）烈死して言上たてまつり候……」

以下ガクがありすぎて難解な建白書を要約すると、

「攘夷の約束は全く実現されていない。一歩ゆずって西洋人の来航をみとめるとしても、あんな連中は犬猫同様にあしらえばいいのに、対等の待遇をしたり、ややもすれば彼らを崇拝するとは何たること！」

というものすごいものだった。もちろん政府はこんな建白書は黙殺した。薫子はカンカンになってさらに激越な文章をつづるのである。キリスト教反対！　東京遷都《せんと》反対！

明治百年の現在、若江薫子の建白書を読みかえしてみると、こっちが恥ずかしくなるくらいの時代錯誤ぶりである。

開国反対！　キリスト教反対！　東京遷都反対！　どれひとつとってみても、正気の沙汰とは思われない。頭がよかったにもかかわらず、彼女は驚くほど時の流れに鈍感だった。

が、これはひとつには、彼女があまり生《き》一本すぎたからであろう。そのころの明治維新の推進者たちはもっとオリコウで、口の先では攘夷を唱えていたが、これは開国主義の幕府を倒すためのお題目にすぎず、本気でそれを信じている人間はひとりもいなかった。薫子は正直すぎた。しんそこ攘夷を信じきっていたので、維新後の政府のやり方に、ひどく裏切られたような気がしたのである。

きのうまで、進歩的、革新的思想の持ち主として危険視された薫子は、今度は同じ攘夷思想のために、旧式な、わからずやの危険人物としてけむたがられはじめる。

石あたまのアナクロおばさんの一徹な建白書に閉口した政府は、ついにある口実をみつけて薫子の身がらを拘束してしまう。のち、病弱のために父の家に預けかえとなり、他人との面会、通信を禁じられること二年、父の死を契機に許されて自由の身になるが、その間にも時代はどんどん流れていった。それでも彼女は自分の信念だけは変えなかったようだ。

と書くと、いかにも理屈ずきの、わからずやのようにも思われるが、その反面、ひどく気のやさしいところもあって、父の死後、その側女《そばめ》だった老婆をひきとって世話をしてやっている。そのころ、生活がかなり窮迫していた彼女は、この老婆が病気で寝ついてからは薬代に追われて、さらにどん底におちこんだが、細々と手習いの師匠などをしながら、息をひきとるまで、やさしく看護をつづけた。

老婆の死後、彼女は、かつての志士の仲間を次々にたずねて、転々とし、最後に丸亀の岡田東洲という漢学者のもとにおちついた。彼も昔の志士の仲間で、しかもその妻を世話したのが薫子だったのだ。彼女はそこで漢文や和歌を教えていたが、明治十四年秋、四十七歳で、ひっそりとこの世を去った。

おそるべきがんこさと時代錯誤——薫子の一生は一本気すぎてむしろ悲しい。しかし保守一辺倒でありながら建白書という形で自分の言いたいことを堂々と言ってのけたあたりは、やはりなかなか進歩的である。中身は古くさいが、手段は新しい——この新しさに大胆に体あたりした意気はみとめてやってもいい。

しかも彼女は自分の言うことに命をかけている。たとえばキリスト教信者だった横井小楠《よこいしようなん》を暗殺した犯人を弁護して、

「私を殺して下さってもいいから、犯人を助けてやって下さい」

などと言っているのがそれだ。横井小楠こそ国賊だときめつけているあたりはどうかと思うが、自分なりに言うことに責任を持っている。その点匿名希望の投書夫人とはいささか気がまえが違う。

もし、彼女が現代に生まれ、しかも時代の動きを見ぬいていたならば、あっぱれ女流政治評論家として、ジャーナリズムをわかせていたかもしれない。どうやら、彼女は百年早く生まれすぎたようである。なんとしても惜しいのは時代を見ぬく力がなかったことだ。大いに進歩的なつもりが、じつはとんでもない時代おくれだった、という教訓は、今でも通用することかもしれない。

危険人物視されてからはかつての教え子寿栄姫のちの昭憲皇太后との間は自然に絶えたようだ。ただ、彼女が四国で落魄の生活を続けていたころ、皇太后が、東京で女子の教育奨励のために高等師範学校を視察した折、生徒一同にと金一封が下賜されたことがあった。女高師ではこれを記念して、そのお金で皇太后の愛読書であった薫子の「和解女四書《わかいおんなししょ》」を印刷することにした。が、明治十六年にこれが完成したときは、薫子はすでにこの世にはいなかった。

ケチと浪費の美徳

松下禅尼——ご立派！ ケチケチ・マダム

戦後三十年、復古調とやらの波にのって、昔人気のあった英雄がぞくぞく返り咲いている。それがはたしていいことかどうか、これはなかなかむずかしいところだが、その中であれほど人気があったのに、いっこうにうかびあがれない人物がいるのにお気づきだろうか？

彼の名前はかなりポピュラーである。戦前の小学校の門をくぐったことのある人なら、

「ああ、あのヒト」

とだれでも思いだすはず。が今の若い人は、おそらくその名も知らないだろうし、もし彼の偉人であるユエンを聞いても、

「なあんだ、そんなこと」

テンで問題にもしないのではないだろうか。その彼の名は——二宮尊徳。たいていの学校には薪《まき》を背負って本を読んでいる石像があったものだ。

彼は寸暇を惜しんで勉強した。山へ薪とりに行ったときも往復に本を手放さなかった。この話は多分修身の本に出ていたはずで、私も大いに彼を見ならい、学校のゆきかえりには、少女小説をよみふけって、しばしば電柱に衝突しかけたものである。

が、今の小学生には、こんな訓戒は絶対タブーだ。道を歩きながら本を読んだりしたら車にハネられてしまう。いくら「ながら族」の多い現在でも、こんな命をマトの「ながら族」を志望する人はなさそうだ。このあたりが、二宮尊徳氏のいまだにうかびあがれないユエンかもしれない。

それにもうひとつ——。

尊徳氏のモラル、生活信条がどうしても現代とはあいいれないのである。

彼の説いたのは「一にも節約、二にも節約」だった。が、戦後アメリカ的な、使いすての生活原理がはいってしまった日本では、これでは通用しない。

日に新たに、日々新たに……。一にも二にもモデルチェンジで、古いものを使っていると肩身がせまいような気にさせられる——これが日本の現状だ。もっとも先年の石油ショックでは、一度に冷水をあびせられて、とたんに節約節約と宗旨変えし、二宮尊徳先生御出場近しと思わせたが、やはりそこまではゆかなかった。というのは、節約ムードはやはり表向きのことで、ホンネはあまり、古いものを大事にしては作るほうが困るらしい。さほど豊かでもない日本の捨て捨てムードは、ブレーキはかかりこそすれ、本質的には変わっていないのだ。尊徳先生がお呼びでないのもそのためで、どうやら、道徳というものも万世不滅のものではなくて、時代によって変わるもののようである。

が、女のなかには、やはり、どこかに物を大切にしたい気持ちが残っているのではないだろうか。そこであえてケチケチ・マダムを探しはじめたが、これが意外に少ないのでおどろいた。わずか見つけだしたのはたった一人――。それがここにご紹介する松下禅尼《まつしたぜんに》である。

松下禅尼の本名はわからない。鎌倉時代の中期、幕府につかえる豪族、安達《あだち》家の娘として生まれた。

この安達家というのは、鎌倉時代にさほどはなやかな活動をしていないが、どうしてどうして、相当な豪族だ。一族の総帥《そうすい》、藤九郎盛長《とうくろうもりなが》は、源頼朝の旗あげ以前からの側近だったし、その後も、源氏時代には源氏、北条時代には北条と、つねに権力者に密着して伸びて来た主流派である。他の豪族が権力争いで次々と消えていった中で、比較的最後まで生きのこったあたり、なかなかしぶとい要領居士《こじ》といわなければならない。

特に盛長の子、景盛《かげもり》は、北条氏が最大のライバル三浦氏と対決したとき、主戦論を主張して積極的に北条のために働き、ついに三浦一族をほろぼした殊勲第一号だ。

なぜ、このとき、こんなに景盛は北条氏のために働いたか？

それはひとえに松下禅尼のためだった。なぜなら彼女は景盛の最愛のムスメであり、このときすでに北条氏にとついで男の子を産んでいたのである。この子が北条家の当主の時頼なのだから、オジイチャンたるもの、ハリ切らざるをえないではないか。

「ムスメと孫のために！」

かくして北条の勢力は、はじめて安定する。普通、北条氏は、源氏時代から鎌倉幕府の権力を独占しているように思われがちだが、じつは食うか食われるか、あぶない橋を渡りつづけ、このとき、はじめて一息いれるのだ。だから松下禅尼は北条家の大恩人だといってよい。今ならさしずめ、つぶれかけた会社の社長夫人が、実家のおカネを引き出して倒産を救い、一流の企業にのしあがらせた、というところである。

前置きが長くなったが、じつは、こうした背景をのみこんでからでないと、彼女のケチ話は、生きてこないのである。

ある日彼女の隠居所に、今をときめく、むすこの時頼が遊びに来ることになった。いくつになってもムスコはかわいい。彼女は屋敷をあげての歓迎にとりかかる。そこで彼女の兄の義景も手伝いに来た。

「準備はできましたか？」

ふと見ると彼女は紙とノリとハサミを持ちだして、障子の切りばりをやっているではないか。義景はあきれた。

「何もそんなことやらなくても……。だれかにいいつけて、すっかり新しくはりかえてしまったほうがいいのに」

すると彼女は首をふった。

「いいんですよ、これで。ものごとは倹約が大切。それをあの子（時頼）にわからせるためにも、私がやらないとね……」

トップレディーの障子の切りばり！　まさに涙ぐましき物語だ。「おかげで北条時頼は万事質素でよい政治をした。これも母の教えである」と、昔の物語には書いてあった。

松下禅尼のようなケチ話は、トップレディーの中には意外に少ない。かといって、私は日本女性がケチでなかった、という証拠にはならないと思っている。

むしろ真相は逆なのだ。ケチはあたりまえで、とりたてていうほどの美徳ではなかったからこそ、そうした逸話に乏しいのである。考えてみれば、日本の歴史は一億総ケチ、いや億兆総ケチの歴史である。江戸時代には、このケチにさらにみがきがかかる。

「腹のへるのをかなしんで、火事の見舞いにも早くは歩かない」

「やむを得ない義理で葬式にいったときも、焼き場の帰りにはちゃんと薬草をつんでくる」

などという話が出てくる。また年の暮れに餅屋《もちや》がつきたての餅を持って来ても旦那《だんな》は知らぬふりでそろばんをはじいている。「早くお代を」と餅屋がせきたてるので気をきかせたつもりで手代が金を払うと、一刻ぐらいすぎてから旦那が顔をあげて聞いた。

「餅代はもう払ったか」

はい、と答えると、トタンにどなりだした。

「バカメ。つきたてに払うやつがあるか。もう一度計ってみろ」

あわてて計ってみると、ずっと目方が減っていた。一貫いくらの約束だったので、旦那は、わざと知らんふりをしていたのである！

こうした話はキリがない。度がすぎるとこっけいにも見えてくるが、最近になって、そうも言っていられないことに気がついた。

ケチにはどうも二通りあるようだ。一つは貧乏で、仕方なしの倹約だ。もう一つは、しこたま財産をかかえてのケチである。たとえば一万円の札束をもちながら、高級レストランは素通りし、立ち喰いのカップヌードルをすする、といったぐあいである。が、考えてみればこういうことのできるのはエリート中のエリートであって、このケチはもはや趣味に属する。

松下禅尼の障子の切りばりも、どちらかといえば、趣味的色彩が濃厚である。が、切りばりは決して悪いことではないから、そのケチぶりにケチをつける気はないが、困るのは、こうした倹約の精神を拡大解釈して、やたらに一般庶民に強制することだ。たとえば、

「お金持ちさえ、ラーメンを食べるのに、お前がチャーシューメンを食べるなんて、ゼイタクすぎるぞ」

などとおどしつけ、チャーシューメンを食べることを、罪悪視するなどがそれである。

「ある偉い人は、古いものを着、粗食に甘んじ、エンピツもチビたのを使った。だからお前も倹約しなきゃいかんぞ」

昔はよくこんな話を聞かされたが、成人して、その人がオメカケを十二人もかこっていたことを知ったときは、だまされたような気がした。妾宅はおろか、わが家ひとつもてない庶民には、せめてうまいものを食べる権利くらいは、みとめてもらいたいものである。

松下禅尼もいうなれば、為政者側だ。為政者側をお手本にとった話というのは、無言で庶民を威圧する武器になりかねない。私が手放しで拍手をおくれない感じがしているのもそのためだ。しかし鎌倉時代の為政者は一般に質素だったらしく、禅尼の息子の時頼も、夜台所のミソを持って来て、それをなめながら臣下と酒を汲みかわした、という話が「徒然草」に載っている。

まさにこの母にしてこの子あり。この倹約ぶりを見習ってほしいのは、現代のエライさんたちだ。こういう人が政治家になっていれば、金権だ、汚職だという騒ぎだけはないはずである。

光明皇后――日本一の浪費夫人

ケチケチマダムのしけたお話につづいて、今度は盛大にオカネを使った女性をさがしてみよう。ところが日本女性はしまり屋で、なかなか候補者がみつからない。ヨーロッパなら、たとえばルイ十六世のおきさき、マリー・アントワネットがいる。おしゃれに目の色をかえ、いつでもニュー・モードのトップを切らねば気がすまず、ついには顔の長さの三倍もありそうな超高層型へアスタイルを考えだし、おかげで馬車までモデルチェンジしなければならなくなった。宝石マニアで、危うくサギ事件にまきこまれかけたこともあったらしい。

しかし、こんなおしゃれのための浪費は他愛なさすぎる。スーパーレディーというからには、男顔まけの金のつかい方をやってのけた女性はないものか?と、意外にも、しまり屋日本女性の中に世界選手権に挑戦できそうな大物がいるのに気がついた。

奈良の大仏をつくらせた光明皇后《こうみようこうごう》その人だ。

伝えるところでは、大仏造営に動員された労働者はのべ二百数十万人。オヒマのある方はこの日当を計算していただきたい（もっとも当時は無償労働が多かったが）。大仏に塗った金は五十八キロだったという。金の値上がりの激しい昨今、これもオヒマのむきは一トロイオンス（約三十一グラム）百四十数ドルとやらで計算して、それからおもむろに腰をぬかしていただきたい。

この大仏造りは表向きは、聖武天皇の発願ということになっているが、実際には、おきさきの光明皇后の意志が強く働いているようだ。こう考えただけで気の遠くなりそうな大事業――これに比べたら万国博などものの数ではない。それを、

「おやりなさい！」

といったスケールの大きさ。まさに世界的水準である。が、皇后がこの大決心をした裏には、さまざまな「家庭の事情」やら、女としての悩みや願いがこめられていることも見のがしてはならないだろう。

ところで光明皇后は「美貌の皇后」ということになっているが、これはどうも怪しい。「続日本紀《しよくにほんぎ》」には、仏道をあがめ、心のやさしい人だとは書いているが、美人だ

という記事は一行もない。「その美しさ光り輝くばかりだったので光明子とよばれた」というのは、その数百年後にできた「元亨釈書《げんこうしゃくしょ》」という本のなかにはじめて出て来るのだから、あまりあてにはならないのである。

ついでながら、いま奈良の法華寺にある十一面観音は皇后をモデルにしたものといわれるが、これも少し後の嵯峨天皇のおきさきで、美人のほまれ高かった檀林《だんりん》皇后の話と混同されているようだ。観音像自体、光明皇后時代の作ではなく、檀林皇后ごろのものである。

光明皇后が生まれたのは七〇一年、父は朝廷の有力者、藤原不比等《ふじわらふひと》、母の橘三千代もときの天皇の養育係だった人。いわば宮廷をとりまくハイソサエティーだ。しかも生まれおちたそのときから、すでに彼女の前では、ある宿命が扉を開きかけていたのだった。

光明皇后は幼名安宿媛《あすかべひめ》という。彼女の前に開かれた第一の宿命の扉——それは同じ年に文武天皇に皇子がうまれたことだった。この皇子こそそのちの聖武天皇で、十四歳で皇太子となり、十六歳で安宿媛をむかえるのである。

安宿媛が皇太子夫人になるために、父の不比等や、文武帝の養育係だった母の橘三千代らは猛運動したことはすでにのべた。皇子の母が媛の異母姉宮子であったことも有利だった。皇子と媛は、だから甥と叔母の関係になるが、そのころはこうした結婚はザラだった。

ハイソサエティーのお姫さまからプリンセスの座へ――安宿媛の青春は恵まれすぎているくらい幸福だった。が、じつは幸運はここまでで、表面のはなやかさに似ず、女としての苦しみがやがて始まるのである。

第一の曲がりかどは、その二年後、皇女を産んだことだ。このころ後宮にはいった女性の絶対条件は、男の子――天皇の後継者を産むことだった。安宿媛は惜しくもその第一関門で失敗したのである。

しかも頼みとする父親はその二年後に死んでしまう。安宿媛が二度目に身ごもるのは九年後、夫である皇太子が即位した翌年で今度は待望の男の子が生まれた。この皇子は生後二カ月で早くも皇太子にえらばれるが、何ということか、翌年この皇太子は誕生日を迎えるか迎えないかのうちに死んでしまった。

安宿媛のなげきはどんなだったろう。そのうえ媛の身辺には子の死をいたむ涙さえ許されない、さしせまった問題がおきていた。というのは、聖武帝の別のおきさきが男の子を産んだのである。

そのころの天皇には何人かおきさきがあり、定員もきまっていた。皇后のほかに妃二人、夫人《ぶにん》三人、嬪《ひん》四人。皇后と妃は皇族出身の女性。夫人、嬪は臣下の娘で、安宿媛はこの夫人のひとりだった。

今度男の子を産んだのは県犬養広刀自《あがたいぬかいのひろとじ》といい、身分は同じ夫人である。皇子は安積《あさか》親王と名づけられたが、もしこの皇子が天皇の後つぎになったら？　と安宿媛の周囲は気が気ではない。

父の不比等の死後、媛の兄弟四人はそれぞれ宮中で出世していたが、藤原系でない天皇が即位すれば、彼らの前途はまっ暗だ。そこで兄弟四人と、安宿媛の母、橘三千代は一案を考えついた。

「安宿媛を皇后にしよう」

当時皇后というのは別格で、万一の場合には女帝として位につけるものとされていた。安積親王が皇太子になる前に媛を皇后にしてしまえば、藤原氏は一応安泰である。

今まで臣下の女性が皇后になった例はなく、このごり押しにはかなり無理があったが、藤原氏はこれを強行した。

もちろん反対もかなりあった。有力な皇族のひとり、長屋王も、この動きを快く思っていなかったらしい。するとちょうどそのころ、

「長屋王は、妖術を学んで国を傾けようとした」

という密告があり、とうとう長屋王は自殺させられてしまった。このときは、身分の卑しい二人の男が密告してから、王が死ぬまでたった二日しかなく、王の口を封じるために、やみくもに殺してしまった感じが強い。

かくて安宿媛は皇后の座につくわけだが、そのかげに、わが子の死、長屋王の変死のあったことを思えば、皇后への道は必ずしも平坦ではなかった。

波乱の生涯はまだ続く。まず第一に、彼女の最もよき相談相手だった母が死んだ。そのせいだろうか、その後皇后自身長い間病の床についている。

しかもこのころ国内には凶作が続き、人々は飢えや病気に苦しんだ。皇后が薬を与える施薬院や病人や孤児救済のための悲田院を作ったのはこの前後である。

そのうち、さらにおそるべきことが起こった。近来まれにみる悪性の伝染病の発生だ。その名はモガサ——すなわち天然痘《てんねんとう》だ！

種痘も防疫設備もないそのころ、天然痘は好きかってに日本全国をあばれまわり、人々はバタバタと死んだ。そしてそのバタバタ組の中に、なんと皇后の兄弟、朝廷の勢力を握っていた四人の兄弟も混っていたのである。一度に四人の兄弟の死——まさにケネディ一家を上回る悲劇ではないか。

ふつうの女性ならヘナヘナと倒れてしまうところだろう。が皇后は負けなかった。

──私がしっかりしなくちゃ……。

ここで皇后は先に産んだ皇女阿部内親王の立太子を強行する。女の皇太子というのはまさに前代未聞だ。げんに聖武帝には別のおきさきの産んだれっきとした男の子、安積親王がいるのだから大変な無理押しだ。なお、安積親王はその数年後、急死している。そのへんに何かナゾがあるのではないかという歴史家もいるようである。

そこへまた皇后をおどろかす事件が起こった。先に病死した兄の子の藤原広嗣が、九州で反乱を起こしたのだ。父の在世中と違って思うままに出世できないのが不満だったらしいが、

──まったく私の気も知らないで！

皇后としては苦々しい限りだったのではないだろうか。

そのうえ悪いことに夫の聖武帝が重病になった。うちつづく悪疫、内乱にノイローゼ気味でもあったらしく、奈良の都をきらって、あちこち遷都を計画したりした。そしてまさしく大仏造営はこの時期に始められたのだ。うちつづく不幸をはらい、何よりも天皇の健康回復を願って……。そしてそのかげには、非運の死をとげた長屋王や安積親王へのひそかな鎮魂の思いもこめられていたにちがいない。

悩みが深ければ深いほど仏への供養は大がかりになる。日ごろは不信心の母親が、

むすこの受験期には天神サマに千円のおサイ銭をはずむのと同じリクツであろう。

あの大仏には、だから光明皇后の深い悩みがこめられているといえないだろうか。私がそれを感じたのは、朝早く起きて、人ッ子一人いない大仏殿のあたりを歩いたときのことだ。昼間の雑踏とはうって変わった、おそろしいまでの静寂——そこに私は皇后の祈りやなげきを聞く思いがしたのである。

大仏は決して「咲く花のにおうがごとき」奈良時代の繁栄の象徴ではない。繁栄どころか、当時の奈良の都には、不安がみちみちていたのだから。その不幸を追いはらうべく、皇后は、すべてを大仏造りに賭けたのである。その意味で、これは、ただ民力を搾取して大宮殿を作るというお道楽とは少しわけがちがう。少なくとも、皇后とその周囲は、大仏サマが世なおしをしてくれると信じていたにちがいない。
・が、皇后の切なる願いにもかかわらず、聖武帝は大仏開眼の数年後なくなった。しかも財政的にも無理をかさねたこの大事業は、いたずらに人々を疲れさせ、世の中のゆきづまりを早めた。その後大仏は何度か火災にあい、昔通りではなくなってしまっているし、いまはいたずらに、観光名所として、人集めの具になりはてているが、ただその大きさに感心するだけでなく、はなやかに、そして苦しい一生を終わったひとりの女性の記念碑《モニユメント》として、みつめなおされねばならないだろう。

阿仏尼――欲にからんで五百キロ

京都――鎌倉百二十里。新幹線を利用すれば約四時間というのが、鎌倉に住む私の経験である。が、鎌倉時代は最短記録で満三日、幕府の公式の急使でも五日から七日ぐらいかかっている。これらはいずれも馬を使った早駆けの使いで、歩くとなれば、まず十五日前後かかるのがふつうだった。

汽車や自動車がなかったころは、かえって人間の足は丈夫だったらしいから、今考えるほどのことではないかもしれないが、それでも十五日間の旅行は決してらくではない。

ところが、かよわい女の身で、この五百キロ近い道を歩き通したひとがいる。阿仏《あぶつ》尼《に》、といえば、もうすでにご存知の方も多いだろう。有名な「十六夜日記《いざよいにっき》」の著者で、この日記こそ、彼女が足で書いた記録なのである。

ちなみに――この書名は、彼女が都を発ったのが十月の十六日だったことによるもので、その月の二十九日には鎌倉入りしているから、通算十四日、なかなかの健脚である。

ではなぜ彼女が、この長旅を計画したかというと、決して物見遊山《ゆさん》のためではない。じつはこのころ、わが子の為相《ためすけ》と継子の為氏《ためうじ》との間に所領争いが起きていたので、これを鎌倉幕府に訴えるために出かけたのだ。

東海道といっても、もちろん今のように鋪装された国道一号線ではない。悪路の上に、途中には野盗の出没する危険もある。それをわが子のためにとあえて旅立ったこの執念！　このすさまじきかぎりの過保護ママぶりにくらべれば、幼稚園に入るために徹夜で願書受付に並ぶくらいは、もののかずではない。

彼女の俗名はわからないが、藤原為家《ためいえ》という公家の妻である。為家は当時の有名な歌人、藤原定家の息子だから、和歌の世界きっての名門で、彼女自身も、かなりの歌よみだった。

――まあ、そんな芸術家が、なんて欲ばりな！

と、ちょっと興ざめする方もおありかもしれないが、そもそも定家というひとが、かなり、名誉欲も物欲も強いほうで、その意味では、「和歌の家」はまた「欲の家」

でもあり、阿仏尼はこのほうでも家系をはずかしめない嫁であった。

しかも、その争いの焦点になった細川荘というのが、定家以来の問題の所領だった。細川荘は、現在の兵庫県三木市にあった荘園で、もともと定家の姉の九条尼の所領だったが、定家はこの姉にたのみこんで、自分の出世のために、これを朝廷で発言力の強かった後鳥羽《ごとば》帝の乳母の藤原兼子《かねこ》に寄進させているのだ。

もっとも寄進といっても領地をそっくりやってしまうわけではない。そのころは、現在とちがって、一つの土地に幾人もの人が権利をもっていた。本家職《ほんけしき》、領家職《りようけしき》、預所職《あずかりどころしき》などとよばれているのがそれで、定家は、姉にたのんで、彼女の所有している領家職を兼子にプレゼントさせたのである。目的はもちろん兼子に口をきいてもらって出世するためだ。領家職をやってしまえば収入は減るが、それに数倍する役得の多い地位をせしめれば差引は黒字である。

つまり公然たる贈賄だ。が、定家だけを責めるのは待っていただきたい。当時はこれが出世のための常套手段であり、今の世の中にくらべれば、そのころはもっと汚職天国だったのだから……。

ただ定家がしたたかなのは、彼が当の兼子を嫌いぬいているにもかかわらず、出世のためには、あえてワイロを贈ったことだ。

もともと定家の家は九条関白家に出入りし、これにすがって出世していたのだが、この主人すじにあたる九条家と兼子とは犬猿の仲だったのだ。そのせいもあろうが、定家は、彼の日記に、兼子が政界の人事に介入することについて、

「偏《ヒトエ》ニ狂女ノ心ニ在ルカ」

などと書いているのだ。

が、兼子は後鳥羽天皇の乳母として、天下の政治の黒幕的存在であり、九条家がそれに押され、発言力が弱くなったと見ると、さっそく定家は兼子の所へゴマすりをはじめた。

しかも結果は上乗だった。このおかげで定家は念願の従三位、侍従という地位を獲得する。ついでにいうと、のちに定家が鎌倉幕府の三代将軍実朝に歌を教えたり、歌集を贈ったりするのも、何事につけても権力に近づきたいという彼の下心のあらわれである。

そういえば定家の息子の為家の第一回の結婚もそのにおいが濃い。彼の妻は、宇都《うつの》宮頼綱《みやよりつな》という鎌倉幕府の有力御家人の娘である。しかも頼綱の妻は、鎌倉幕府の最高権力者の北条氏の出身だから、ますますもって都合がよい。

みめかたちだけあかぬけている京女よりも、実家のよい東女《あずま》を！　という意図は見

えすいている。もっとも宇都宮氏はゴッツい坂東武者の中ではめずらしい文化人だから、ちょっとはましだったかもしれないが、それでも、都の女とは大分ひらきがあったに違いない。それかあらぬか、のちに為家は、宮中の女房で歌もたくみな安嘉門院《あんかもんいんの》四条《しじょう》という女性と関係ができる。これがのちの阿仏尼なのだ。

ところで為家は、さきの宇都宮家の娘との間に為氏をかしらに三人の男の子をもうけるが、阿仏尼との間にも為相、為守《ためもり》の二人の子が生まれる。そこで自然に起こるのは、いつの世にも同じ、相続問題で、ここでふたたび、例の細川荘がうかびあがってくるのだ。

さて、細川荘は、例の権力マダムの藤原兼子が死んだあと、領家職は返され、九条尼から定家に、さらに鎌倉幕府からは地頭職も与えられ、定家から為家へと伝えられ、為家が死んだら、為氏へという約束まできまっていたようだ。

ところが阿仏尼はこれに文句をつけた。

「あれは私の産んだ為相に下さいな、ねえ」

優雅な女流歌人も所領のこととなるとなかなかガメツイ。為家は大分悩んだようだが、とうとう彼女の押しにまけて、為相にゆずるという証文を書いてしまった。

こうなるとおさまらないのは為氏だ。

——それじゃあ、話がちがう。

とばかり、翌年父が死ぬと、さっさと細川荘をおさえてしまった。

「まあ、なんてことを、くやしい！」

阿仏尼は逆上して、てんまつを朝廷や六波羅《ろくはら》（鎌倉幕府の京都出張所）へ訴えるが、いっこうにらちがあかない。というのも、朝廷で為氏の評判がかなりよかったので、阿仏尼への同情が湧かなかったらしいのだ。

「いいわ、それなら……」

業を煮やした過保護ママ、阿仏尼は、ついに、鎌倉幕府への直訴を決意し、百二十里の道を馳せくだるのである。

が、結論を先にいってしまうと、この訴えは徒労だった。鎌倉幕府も彼女の訴えの正当性をみとめてくれなかった。もともと鎌倉では宇都宮氏の発言力は強いはずだから、そこへ乗りこんで来ても、うまく行かないのはあたりまえかもしれない。

阿仏尼は、それでもしばらく鎌倉に滞在し、何とか勝利をものにしようと粘りぬいたが、過保護ママの思いは遂に通じなかったのだ。

が、そのかわり、彼女は、思いがけない収穫を得る。「十六夜日記」がそれだ。百二十里の女ひとり旅——今ならさしずめ「女ひとりヒマラヤを行く」というところだろうか。もの珍しさを買われて、ついに数百年後の現在まで名をとどめるようになった。

もっとも、月旅行まで知ってしまった私たちにとって、これはさほど魅力ある読物ではない。特に最初のもったいぶった書出しはいただけない。

「なにしろ、私の家は、定家、為家と、二代そろって、二度も勅撰集の撰者になった家ですから……」

と自慢たらたら。さらに、

「深き契を結びおかれし細川の流も、ゆゑなくせきとめられしかば（中略）子を思ふ心の闇はなほしのびがたく……」

と過保護ママぶりを発揮している。旅の風物の観察も、歌も、どちらかといえばおざなり、月並みだが、それでも雨が降ると、水田のようになってしまう道を渡っていったとか、洲俣川《すのまた》では、真辟葛《まさき》の綱でつないだ浮橋を渡ったなどという話は、旅行をめったにしない人々には珍しがられたかもしれない。

もし阿仏尼がこうした旅行を思いたたなかったら、もちろん私たちは、彼女の名さえ知らずにすぎてしまったろう。それが、このさして長くない旅行日記のおかげで、現代にまで、古典の作者として伝えられたのだから、じゅうぶんモトはとっている。

それに、細川荘も、すったもんだのあげく、彼女の死後ではあったが、ついに為相の所領としてみとめられるにいたった。執念の勝利というべきであろう。

日野富子——室町の利殖マダム

戦後ひところ、主婦の株式投資が話題になった。ジャーナリズムはこれをマネービル夫人などと名づけてオカラカイになったが、私は、これはやはり、主婦にとって、大きな経済革命の体験だったと思う。

それまで世の奥様族の大部分は、利殖といえば、郵便局や銀行に預けたお金の利子がふえることだと思っていた。それが株を買うことによって、彼女たちは、配当のほかに値上がりという楽しみのあることを知ったのだ。

——こんなうまい手があったのか！

タンスの中にかくしておいたお札をボストンバッグにつめこんで、株屋の店頭に殺到したのもむりはない。新しい富への欲望は、時として人を狂気にするものだ。

が、残念ながら、世の男性は、戦前とっくに株の楽しみを経験ずみだ。この点奥様方は、半世紀以上、おくれをとったといわなければならない。

ところが、日本の歴史の中には、男性に伍《ご》して、いや、大部分の男性に先がけて新しい「富」に目をつけた女性がある。時の将軍足利義政夫人、日野富子《ひのとみこ》――名前からして、マネービル夫人にふさわしいではないか。

彼女の活躍したのは今から五百年ほど前の室町時代――このころ、財産といえばまず「土地」であった。大名たちが何はさておき、領地の奪いあいに目の色をかえたのはこのためだ。オカネは通用していたが、まだ富としては第二軍だった。

富子はそのオカネに目をつけ、将軍夫人の地位を利用して、オカネをかきあつめ、高利貸しをはじめた。そのすさまじさ、株屋におしかけた奥様方の比ではない。このあくどさがたたって、富子の評判は史上すこぶるかんばしくないが、私は、女ながらもオカネという当時としては、新しい「富」に目をつけたパイオニア精神は、多少みとめてやってもいいと思う。

しかも、かくも富への執念を燃やしつづけた裏にひそむ「家庭の事情」の複雑さを思えば、彼女もまた、悲しきスーパーレディーのひとりなのである。

彼女とて、生まれながらの守銭奴《しゅせんど》ではない。実家の日野家は当時の公家の名門で、彼女は十六の年にえらばれて将軍義政の正室になった。日野家と将軍家との結婚はしばしば行なわれていたから、これは彼女にとってはごく当然のコースであった。が、このときすでに夫の義政には数人の側室があった。これも当時としては驚くにあたらないことであったが、ともあれ、十六の花嫁は、結婚早々から「女の戦い」を覚悟しなければならなかった。

中でも強力なライバルはお今とよばれた女性だった。彼女は義政に乳母として仕えるうちに彼に性の手ほどきをしてしまったしたたか者で、かわいい坊やであり殿様である義政に対して絶大な権力をもっていた。

——あんたみたいなネンネがなにさ。ふん。

といわぬばかりに熟《う》れきったからだを義政の前でくねらせるお今に、富子はたびたびくちびるをかむ。やがて数年後——二人の女性の対決のときが来た。

足利義政の正夫人富子と側室お今の勝負のきっかけになったのは、富子の妊娠である。ときに富子二十歳。ところが月みちて生まれた子供はまもなく死んでしまう。

と、そのときである。

「お今さまが御子を祈り殺したらしい」

ぶきみなうわさの流れはじめたのは……。

さすがに義政は激怒した。

「もうそなたの顔、見とうもない」

お今は琵琶湖の沖の島に流され、やがて殺された（一説には自決したともいう）。ほんとうにお今が富子の子を呪詛《じゅそ》したかどうかは謎である。あるいは、富子が自分の不幸を逆手にとって、デッチあげのデマを流したのかもしれない。とすれば、四年間の女の戦いの中で、彼女は、あっぱれお今をしのぐしたたかさを身につけたことになる。

以来彼女は正夫人としてがっちりと権力の座につくのだが、残念ながら、男の子を産むチャンスがめぐって来なかった。そして五年後、とうとう義政は僧侶になってい た弟の義視《よしみ》を還俗《げんぞく》させてあとつぎにする。

義視はこのときかなりあとつぎになることをしぶったようだ。それを義政は、

「もし自分に男の子が生まれてもあとつぎにはしないから」

と約束して引っ張りだした。

と、この話をきいておかしいと思われないだろうか。当時義政は二十九、富子は二十五歳。まだまだあきらめるには早すぎる年ごろなのに……。さては義政の女遊びがすぎて不能になったのか、などとかんぐるむきもあるかもしれないが、そうではない。余り知られていないが、じつは、義政の側室の一人がこの前後に男の子を産んでいる

のだ。

——くやしいっ。あんな女の産んだ子に、将軍をとられるなんて！

嫉妬に狂った富子の窮余の一策——と私は見ている。

ところが、何たる皮肉であろう。義視があとつぎにきまったあと、思いがけなく彼女が妊娠する。そして坊主頭の義視の髪が生えそろって元服の式をあげた三日後に生まれたのは、男の子だった。後の義尚《よしひさ》である。

——シマッタ、シマッタ！

彼女は地団駄ふんだに違いない。以来彼女はわが子を将軍につけるべく狂奔する。この数年後応仁の乱が起こったのも、じつはそのせいだともいわれている。これには多くの大名の複雑な利害がからんでいるから一概にそうとはいえないが、富子がそれを利用しようとしたのは事実だし、結果においては、たしかに義視は追いだされ、富子の子義尚が将軍になってしまった。

富子がわが子義尚を将軍にしようとした奮闘ぶりは、今の教育ママの受験作戦どころの騒ぎではない。

ではなぜ、彼女はそんなにやっきとなったのか。夫の義政がいっこうに頼りにならなかったからだ。義政は当時の一流文化人だが、将軍としての政治能力はゼロだった。

「あなた、しっかりして下さいよ。義尚が将軍になれるかどうかの境目じゃありませんか」

富子がやきもきしても、

「ああ、ふむ、ふむ……」

などといって酒を飲んでいる。

——夫はあてにならない！

がぜん富子はツヨくなる。このあたり、ちょっと現代の女性に似たオモムキである。金をためだすのもこのためだ。何が何でも実力をつけようという腹だった。京の入り口に関所を作って金をとりたて、それを応仁の乱の最中に東西両軍の大名に貸しつけている。

——敵にも味方にも貸すとはあきれた女だ。

と、彼女の守銭奴ぶりをあざ笑う人もいるが、これはちょっとちがうようだ。彼女としては必死なのだ。お金を貸して恩を売り、わが子の味方を一人でも多くふやしたい——おろかな母の一心だった。

こうして権力と富は、しだいに彼女に集まる。高利貸しでもうけた金で米を買いしめて、さらにボロもうけをしたこともある。

「天下の政治はみな富子の計らいだ」

と、ある僧侶はあきれて書きのこしている。

が、富子がふるいたてばたつほど、夫の義政はうんざりしたらしい。

「勝手にしろ。おれは知らないよ」

とばかり家を出て、さっさと別居してしまった。

と書けば、いかにも簡単なようだが、これは前代未聞の珍事だった。なぜなら、彼ら上流階級では、離婚とか別居とかは、絶対してはならないことだったのだ。

が、義政は、そのていさいの悪いことを、あえてやってのけた。よほど富子にがまんならなかったのだろう。しかも自分のほうから出ていったのだから、まわりは目を丸くした。富子がマネービル夫人第一号なら、義政は「夫の家出」第一号だ。

こうして彼が作った別居先が今残る京都の東山の銀閣だ。われわれは義政の家出という「壮挙」によって、すばらしい文化遺産にめぐまれたのである。

が、勝ち気な富子はせせら笑っていたらしい。

――どうぞ、お好きなように。私には義尚がいますから……。

が、ああ、またしても彼女は落胆しなければならなかった。そのかわいいむすこは、父親ゆずりの道楽者だったのだ。成人するかしないかのうちに、こともあろうに父の側室に手を出して、はでな親子げんかを演じている。

しかもこうした乱れた生活がたたってか、義尚自身二十五歳の若さで病死してしまう。残された富子はあとつぎ問題でまたもや、夫の義政と、はでなけんかを演じている。

そして、しまいには夫に抵抗するために、先に追い出したはずの義弟の義視をよびもどし、その子を将軍にしようとして、妙に力こぶを入れたりした。

が、義政が死ぬと、それまで鳴りをひそめていた義視は俄然鎌首をもたげはじめ、もう富子のいうことは聞かなくなる。彼の手で屋敷をとりこわされたりして、晩年はあまり幸福ではなかったようだ。

彼女の死後、莫大な財産が残されたというが、このことは、かえって、人生のむなしさを感じさせはしないだろうか。人間はなんのために、お金をためるのだろう。

勇婦三態

巴・板額――男まさりの女武者

神話の時代からこのかた、女は絶対に体力的には男にかなわない。このシリーズも、もし男性の物語だったら、とっくに五人や六人登場しているはずの名将剣豪がひとりも登場していないのは、そのせいである。残念ながら女性にはそうしたスターはいないのだ。かろうじてあげられるのは巴《ともえ》・板額《はんがく》ぐらいだろうか。

巴御前は木曾の育ち、源義仲の愛妾《あいしよう》である。「平家物語」にも、

「中にもともゑはいろしろく髪ながく、容顔まことにすぐれたり」

と書いてあるところを見るとなかなかの美人だったらしい。

それでいながら男まさりの強弓をひく、一人当千のツワモノ（「平家」の原文にこうある）で、荒馬をのりこなして、難所もやすやすと越えてゆく一方の大将格であったという。

義仲は源頼朝に先立って平家打倒の兵をあげ、怒濤のごとく都におしよせて勝利を得るが、いなか育ちの悲しさ、政治的手腕に欠け、公家たちの意地悪にキリキリ舞いをさせられ、たちまち権威を失ってしまう。

そこへ頼朝の派遣した鎌倉勢が大挙おしよせて来て、義仲はあえない最期をとげるのだが、巴はぎりぎりまでこの義仲に従っていた。

三百騎が五十騎、その五十騎がたったの五騎……。ばたばたと討たれてゆく中で、なおも敵刃をくぐってついてくる巴を見て、義仲は言った。

「お前は女なのだから早く逃げろ。木曾義仲は最後まで女をつれていたと言われるのもしゃくだから……」

それでも巴はきかなかったが、たびたび義仲にいわれて、しぶしぶ、

「それでは、最後の働きをお目にかけましょう」

と言ってそばをはなれた。

ちょうどそこへ来かかったのが鎌倉方でも大力のほまれのある御田八郎師重《みたのはちろうもろしげ》だった。巴はこの八郎とぴたりと馬をならべるや、むんずと組みつき、相手にじたばたするすきもあたえず、首をねじきって捨ててしまった。

何という腕力！「平家物語」の原文には、その様子を、

「わがのつたる鞍《くら》の前輪《まへわ》にをしつけて、ちつともはたらかさず、頸《くび》ねぢきつてすててンげり」

と書いている。「ちつともはたらかさず」とは、身うごきを許さないことだ。いくら現代の女性が強くとも、夫婦でとっ組みあいを演じて、相手をちっともハタラカサズ、という女性がいるだろうか？

さて、すさまじい大力を発揮して御田八郎の首をねじきった後、巴はどうしたか。「平家物語」では、彼女は、やがて鎧《よろい》をぬぎすてて、東国——つまり故郷の方へ落ちていったと書いているが、その後の消息は伝えていない。

謡曲の「巴」では、義仲の遺言にしたがって、かたみの小そでを持ってゆく、ということになっている。

また、伝説によれば、のちに尼となって越後の友松というところに移り住んだともいわれているし、捉えられて、鎌倉へつれてこられた、という説もある。

しかも、後の説には、さらに尾ひれがついている。巴は鎌倉で取り調べをうけたが、女だからというので無罪放免になり、和田義盛という有力な御家人の妻になった、というのだ。そしてさらにごていねいにも、二人の間には、朝比奈三郎という子供まで生まれたことになっている。

が、これはどうも信じられない。朝比奈三郎というのは大力無双だといわれている武将だ。いま鎌倉には、朝比奈峠という山道があり、これは彼が一晩で作った道だということになっているが、この話にしてからがすでに伝説なのだ（実際には、北条泰時が、鎌倉の経済的発展を考えて開拓した道である）。

この朝比奈三郎は、のちに和田一族が、北条氏に反発して兵をあげたときも、抜群の大活躍をしていることから、勇婦巴の子供ということになったのだろうが、じつはこれは、次にお話ししようとしている板額の話と混同されているらしいのだ。

板額は越後の豪族、城太郎資盛《じょうのたろうすけもり》の叔母である。この城氏というのは、そのあたりきっての有力な豪族で、鎌倉幕府に対しても、なかなかいうことを聞かなかったらしい。

この城氏の一族の長茂が、都で突然反乱を起こし、鎌倉方から派遣されていた小山朝政を襲った。巴御前の活躍したころから二十年の後のことである。

鎌倉勢もただちに応戦して長茂を倒したが、それからまもなく城氏の根拠地である越後で、長茂のおいの資盛がさらに大がかりな反乱をおこした。

幕府では早速、佐渡、越後の御家人に命じて鎮定にあたらせたが、それでも間にあわず、上野《こうずけ》の兵団まで動員してやっとかたをつけた。

このとき、城氏の側に、ひときわすぐれた弓矢の名人がいた。それが板額である。

彼女は童形少年のように髪をきりりと結び、腹巻(鎧の一種)をつけて矢倉の上からさんざんに射まくった。大変な強弓で、あたったものはみんな死んでしまうありさまだった。

鎌倉方は一計を案じ、彼女の背後の山にまわり、後からこれに矢を射かけたところ、一本が左右のももを射通したので、さすがの勇婦もたまらず倒れ、ついに生けどられてしまった。

手疵《きず》を負った板額はやがて鎌倉につれてこられ、時の将軍頼家の前にひき出された。有力な御家人たちがずらりと居ならぶ中で、きびしい訊問《じんもん》をうけたが、ちっとも悪びれたふうもなく堂々としていたので、一座の武将たちは、

「ほほう、さすがは……」

と舌を巻いた。

ただし、その勇敢さに似げなく、顔立ちは、すこぶる美人だった。

と、その翌日、阿佐利与一義遠《あさりよいちよしとお》という御家人が頼家のもとに伺いをたてて来た。

「板額をどこへ流すかもうおきまりになりましたでしょうか。もしまだでございましたら私がおあずかりしたいのですが……」

義遠は昨日板額の訊問の場に居あわせたひとりである。頼家はふしぎに思ってたず

ねた。

「国を乱した大犯罪人を、どうしてお前はわざわざあずかろうというのだね」

義遠の答えはふるっていた。

「いや、なに、あの女をもらって子供を作ろうと思いましてな。あの女の産んだ子なら、きっと勇敢にきまっていますから、何かの時には、必ずお役に立ちましょう」

頼家はあきれ、やがてふきだした。

「そりゃあ、あの女はなかなか美人だ。が、男を向こうにまわして戦うようなスゴイやつ、女としてかわいがる気になれるものか。それをもらいうけようなんて、お前、ちっとどうかしてやしないか」

「そうでしょうか？」

義遠はしごく大まじめである。

「そうだとも、あきれたやつだ」

頼家はさんざんからかったが義遠は平気なもの、遂に板額をもらいうけて、甲斐の領国へ帰っていった。

たしかに表面だけみれば義遠はイカモノぐいだし、子供を産ませようというのも大まじめすぎて、むしろこっけいである。

しかし、勇婦板額がりんとしたなかにちらりとのぞかせた女性的な魅力をすかさずとらえたというなら、なかなか彼の目は高いということになる。

巴、板額――この二人を通して気づくのは、ともに木曾とか越後とか、都から離れた地方の女性だということだ。当時の中心地、京、鎌倉から見ればそれらは辺境の地であり、何か手ごわい、未知の、いなかびた国だった。

そこに活躍した野性の女として、たまたま目にとまったのがこの二人――それゆえに武勇伝は輪に輪をかけて伝えられたのではないだろうか。だからそれらの物語の中には、語る人のいささかの恐怖と、いささかの軽べつがこめられているように私には思われる。

が、それでいて彼ら伝説作りがなかなか話せるイキな人だという気がするのは、彼女たちを美人だとしていることだ。もし軽べつしきっていたら、彼女たちをとびきりの醜婦にして徹底的にからかったにちがいない。

それをしなかったところをみると、昔の人は、ツヨイ女をからかう現代マスコミよりも案外、紳士的で寛大だったと言えそうである。

神功皇后――幻のジャンヌ・ダーク

ここにご紹介するのは、巴や板額とはちょっとちがった意味での勇婦である。打ち物とって男をうちまかすというタイプではない。国運をかけて三軍をシッタする名将軍型――神功皇后《じんぐうこうごう》は、日本歴史に登場するたった一人のジャンヌ・ダークであろう。

ジャンヌ・ダークに似ているもう一つの点は、二人とも神のおつげをきいて行動していることだ。時代が古いだけに、この方では神功皇后のほうが本格派で、シャーマン的な役割を演じている。

皇后は仲哀《ちゆうあい》天皇のお后だ。熊襲《くまそ》――九州のまだ服従しない部族を討つために、ともに九州にいたとき、天皇が琴をひき、大臣の武内宿禰《たけうちのすくね》が庭に立っておつげを請うと、皇后は神がかりになって口走った。

「西の方に宝の国がある。これをあたえよう」

しかし天皇はこのおつげを信じなかった。

「高い所に上って西の方を見たが、国らしいものは見えない。あるのは海だけだ」

とうとう琴をひくのをやめてしまった。武内宿禰が心配して、

「もうすこし、おひきになったら……」

というと、やっと琴をとりあげ、いい加減にひいていると思ったら、途中で琴の音がぱったりとだえた。

皇后はそのころ身ごもっていて、あかりを近づけてみると、すでに天皇は息たえていた。

「そのお腹の中の子が国を治めるようになるだろう」

と口走った。

皇后は神のおつげに従って軍備をととのえ、神の命じるままに海を渡って新羅《しらぎ》の国へ攻めていった。すると海の魚たちがこぞって船を運び、その船のおこした波は新羅の国のなかばまでを飲みこむ勢いだったので新羅王は臣従をちかい、毎年かかさず朝貢することを約束した。

仲哀天皇を失ったあとのこのめざましい働き、まさにあっぱれな名将軍ぶりだ。

さらに皇后は、だれにもできないことをやっている。新羅征伐の最中、にわかに産

気づいたのだが石を裳《も》の腰にまきつけてそれを鎮め、九州に帰って来てから皇子を産んだ、というのである。現代の女性はバース・コントロールはできても、出産をコントロールすることはできない。せいぜい、注射をして出産日を早めるくらいなものだ。それを千余年の昔、すでに出産まで調節できたというのだから、まさに超人的女性である。

それに、私がかねてから、心ひそかに皇后を超人的女性だと思っている点が一つある。それは夫である仲哀天皇の死をなげき悲しむ話が一つも出てこないことだ。

大事の前には私情を殺す、とはこのことか。しかし凡婦の私はこのことが疑問でもあり、正直いって、妻にも同情されないで死んでしまった仲哀天皇が、ひどくお気の毒でならなかった。

が、このことにふれる前に、皇后の伝記をもうすこし見てみよう。

さて、新羅を平らげた神功皇后は、いよいよ皇子をつれて大和へ帰還することになったが、皇子の腹ちがいの兄の香坂《かごさか》、忍熊《おしくま》の二王はこれをねたんで、中途で待ちうけていて、二人を討ちとろうとした。

そこで皇后側は、いろいろと策略をめぐらし、和珥《わに》氏の先祖の建振熊命《たけふるくまのみこと》を将軍として戦ってついに二王を敗死させ、皇子はめでたく勝利を得る。この皇子が応神《おうじん》天皇である。

この神功皇后の話は、戦前に小学校を出た人なら、だれでも知っている。そのころは、

「女はしとやか第一」

と教育されたのに、この話だけはまことに勇ましく、それだけ印象も深かった。

ところが――である。

戦後、歴史の教育が変わったとたん、神功皇后は歴史上の人物ではないということになって、いとも簡単に蒸発してしまったのだ。

敗戦後歴史の見方が変わって歴史上の人物の評価もずいぶん違ったが、これほど一身上の変化の起こった人も珍しい。

まことしやかに教えられたことがウソだったとは、何やら肩すかしをくわされた感じだが、もっとも学者はこのことはとっくに知っていた。

たとえばすぐれた文化史の研究家であった和辻哲郎氏は、

「神功皇后の伝説は、歴史的事実ではない」

とはっきり書いておられる。

なのに一般国民には、あたかもそれが歴史上の事実のように教えられ、真相を知っ

ているはずの歴史学者も知らんふりをしていたのはなぜか。

じつはこのことを掘りさげてゆくと、国家の成立とか天皇制の問題など、そのころではタブーになっていたことに突きあたってしまうので、みなだまっていたのである。

国民こそはいい面の皮だ。何にかぎらず、ウソはいけない。いま神話を教えるとか教えないとか問題になっているが、私は神話を教えることはけっこうだと思うけれども、ただそれをそっくり歴史的事実と思いこませるような教育だけはごめんである。

歴史は歴史、神話は神話――そしてその神話の意味するものをとらえることが大事なのだ。

戦後の歴史研究はまさにその方向にそってすすめられているが、では神功皇后神話に何か結論が出たかというとそうではない。

この問題をふくめて、いま古代史にはさまざまな説があるのだが、そのなかで、やや通説となっているのは、天皇のうち、神武以来開化までの九代には実在性がない、ということだ。

どうやら実在しそうなのは崇神《すじん》以後だが、それも垂仁《すいにん》、景行《けいこう》の二代までで、その後の成務《せいむ》、仲哀はあやしいという。

では、この幻の人物仲哀、神功皇后の間に生まれた応神天皇も実在しないか、というとそうではない。これはれっきとして実在人物であるらしい。

仲哀天皇と神功皇后が、幻の人物であるのに、応神天皇が実在するのはなぜか？

歴史家はこの時期に、日本で王朝交代が行なわれたとみているようだ。応神と香坂、忍熊王の戦いはこの事情を暗示している。この新たな征服者、応神をそれ以前の大和朝廷の支配者と血縁関係があるように説明するために、仲哀と神功という二人を作り出して、これを結婚させた、というのである。

この応神天皇については、外来の朝鮮系豪族だという説がある（また崇神以来を外来の騎馬民族とする説もある）。新羅征伐もじつは逆で、新羅からこっちへやって来たのだという解釈もかなり有力だ。こうなると応神の大和入りを助けた和珥氏は、すなわち王《ワン》氏、外来系の豪族ということになろうか。

けれども一方、四世紀後半、日本が朝鮮半島に進出したことは確実だという人もある。いま朝鮮にある広開土王の碑に、日本は当時勢力のあった高句麗と戦って撃退されたとあるのがその証拠だというのだが、最近ではその碑文じたいが改作されているという説もあって、はっきりしない。

また、神功皇后伝説をこうした歴史的事実にとらわれずに、純粋に宗教的な神話と見る考え方も一方には有力だ。そう思ってみると、海と結ばれたこの物語はなかなかロマンチックでもある。

が、それとともに、この伝説がのせられている「古事記」の成立当時の事情も考えてみる必要がありはしないだろうか。ここに着目した直木孝次郎氏はいわれる。

「古事記が編纂《へんさん》されるちょっと前、日本と朝鮮の間は緊迫し、日本軍は半島に出兵、ときの斉明《さいめい》女帝も筑紫におもむいている」

このほか神話と当時の事情の類似を列挙し、つまりこうした事情がモデルになって、今の形の伝説が作りあげられたのではないかと結論された。

現実が過去の物語を作る――というのはちょっと逆立ちしているように感じられる方もおありかもしれないが、案外こういうことはあるものだ。私たちはそのことはすでに経験ずみだ。戦争中「大東亜共栄圏」ということが盛んにいわれたり、日本がタイ国に進駐した時は、昔、山田長政がシャムに行って活躍したことがにわかにデカデカととりあげられたではないか。

歴史というものは一面そうしたものだ。そしてこれがじつは歴史のこわさなのである。考えてみると、神功皇后の伝説は、日本の軍国主義、海外侵略とともに語られて来た。敗戦とともにそのヒロインは消しとんでしまったが、もうご復活はごめんである。

さて、神功皇后が実在しないとなった以上、私の素朴な疑問——皇后が仲哀の死をひとつもなげいていなかった理由も、自然解決した感じである。神話の作者たちは、天皇家の家系の説明にいそがしくて、どうやら皇后の女性的心情の創作までは手が回らなかったのだ。

神功皇后が消えたおかげで、日本史はたった一人のジャンヌ・ダークを失った。でも私はそのことを残念には思わない。夫が死んでも何とも思わないような非情な女性の実在が否定されたことは慶賀すべきではないか。世の多くの男性がたにとっても……。

亀　姫――戦国の戦中派

かねて私は「戦後女性が強くなった」という説に疑問をもっている。実際には世の中でさわがれているほど強くなったとは思われないし、また、多少強くなったにしても、それはもとへもどったにすぎないのではないだろうかという気がしている。「元始女性は太陽であった」ということばをひきあいに出すまでもなく、今まで、ここに登場した女性を見ればおわかりのように、日本の女性は、決して踏みつけられた弱々しいだけの存在ではなく、かなりのびのびと思うままにふるまって来ている。

それが徳川時代に封建道徳のタガをはめられた間だけ、ちょっとばかり弱くなった。その間約三百年、千数百年の日本の歴史のなかではごく一部分のことだ。戦前の女性がヨワかったのは、その後遺症で、エバーソフトのふとんだって、長い間重いものをのせていれば、もとへもどるまでに少しは時間がかかろうというものである。

このおもしの役目をし、女性に封建道徳のタガをはめる基を作ったのは徳川家康だ。が、女性をヨワくしようとしたそのご本尊の娘や孫には、おもしろいことに、男まさりが幾人かいる。莫大な持参金つきの千姫をわがむすこの嫁にした熊姫もそうだが、それを上回るのは、家康の長女、亀姫である。

彼女の生涯はなかなか壮烈だ。当時の男性の中でも戦国の血の雨をかいくぐって来た連中は、平和の時代になっても、とかく武骨一本槍《やり》で、ふたことめには、

「われ、十八歳のみぎり、何々の合戦には……」

と、武功話を持ち出したものらしいが、彼女もまた戦国の生きのこり、筋金入りの戦中派であった。

しかも、現代の戦中派のようなニヒルなかげはない。女ながらも武功赫々《かくかく》、むしろ日露戦争生きのこりというおもむきである。

彼女の勇敢さは、天正三年（一五七五）の武田勝頼との合戦のときに、あますところなく発揮された。当時彼女は夫の奥平定昌《おくだいらさだまさ》とともに長篠城にいたが、そこに武田勝頼が二万の兵をひきいておしよせて来た。手勢は少なく、兵糧も乏しく、奥平勢は、またたくまに苦境に追いこまれたが、彼女はくじけなかった。

「しっかりして下さいよ、あなた！」

若妻に似合わぬけなげさで夫を励ました。このとき、城をぬけ出した鳥居強右衛門《すねえもん》の勇敢な働きもあって、家康と織田信長が救援にかけつけ、定昌もこれと呼応して城を出て奮戦し、強敵武田をみごとに追い払った。

このときの勝利が家康の運のつき始めだった。天下最強を誇っていた武田勢を相手に城を守りぬいたというので、定昌も一躍男をあげた。のちに彼が美濃加納《みのかのう》、十万石の大名に躍進するのはこのためで、いわば、この身代は、彼と亀姫がかせぎ出したものである。これにちなんで彼女は加納御前とよばれるようになるが、この勇敢さは、現代のツヨキ女性でもなかなか及ぶところではない。

長篠の勝利は、加納御前——亀姫の気性をいちだんとはげしくした。さらにそれからまもなく、彼女は肉親の悲劇を経験している。

母親の築山殿と弟の信康が、織田信長に憎まれて非業の死をとげたのだ。かつて夫の急を救ってくれた織田信長——勇敢な籠城《ろうじょう》ぶりをほめたたえ、夫に信昌という名前まで与えてくれたその信長が、今度は彼女の肉親を殺してしまった。このことは、彼女に、戦国に生きることのきびしさを、ひしひしと味わわせてくれたに違いない。

——人はたのみにならない。

——頼れるのは、この私自身の力だけ。

かくてますます、彼女は勝気な女性になっていったらしい。

元和元年（一六一五）、夫が死ぬと、彼女は、すでに成人して宇都宮十万石の城主となっていたわが子家昌のところへ移った。が、不運にも家昌は若死にし、彼女はわすれがたみの、いたいけな千福丸とともにとりのこされる。

宇都宮は当時、東北方面への防衛線として重要な意味をもつところだった。

「幼い千福では、どうも心もとない」

二代将軍秀忠（亀姫の異母弟）はそう思ったらしく、千福をさらに江戸に近い古河《こが》へ移すことにしたが、なかなか苦労人の彼は、勇敢な姉君に敬意を表して、転封にあたってさらに一万石を加増している。

こうした転封は別に不名誉ではなく、よくあることだ。一万石のベースアップもあることだし、この限りにおいては亀姫にも異存はなかったのだが、その後がいけなかった。宇都宮城の後任に、今は亡き家康に寵愛された本多正純《ほんだまさずみ》が十五万石に加増されてはいったのだ。

「まあ！　あの本多が十五万石ですって！」

小耳にはさんだとたん、亀姫の顔が変わってしまった。

——自分は十万石だったのに……。「それに何さ。あんなやつ。何ひどくプライドをきずつけられたような気がした。「それに何さ。あんなやつ。何の手柄もたてていないじゃないの」

正純にしろ、その父正信にしろ、とりたてて戦場での武功はない。彼らは、いわば能吏型で、その政治的才幹のために、家康に重く用いられたのだ。

が、戦場生きのこりの亀姫には、これがどうもシャク然としない。武功派の彼女には、命をかけての働き以外は、手柄とはみとめられないのだ。

——それが十五万石だなんて、まあ！

頭に来た亀姫は、転封にあたって、宇都宮城の植木から畳、建具をごっそり引きぬいて持っていってしまった。すると正純は、いかにも能吏らしい反撃に出た。

「植木や建具を移すべからず。これは亡き家康公の定められた御規則ですぞ！」

将軍の姉だろうが何だろうがおかまいなしに、全部とりもどしに来た。武功派のオバサマは完全に面目丸つぶれになってしまった。

ああ何たること、何たること！　本多ふぜいに恥をかかされて……。

植木や建具を取りもどされた亀姫は、じだんだをふんでくやしがった。

「ようし、じゃあ見ておいで」

彼女の執念ぶかい本多打倒計画はこの日から始まる。

やがて三年後、将軍秀忠が家康を祭った日光の東照宮に詣《もう》でることになった。このときしきたりとして、将軍は岩槻《いわつき》、古河、宇都宮城に泊まることになっている。城主としては接待の腕のみせどころである。

——万一間違いが起こってはならぬ。

本多正純は腕によりをかけた。特に警備には念を入れ、城を修理したり、鉄砲を買い入れたりした。じつを言うと、こうしたことはいちいち幕府に届け出る必要があったのだが、彼は、

——届け出などをすれば、警固《けいご》の手のうちがわかってしまって何にもならない。

と思ったし、また、自分くらいな重臣ならこのくらいのことは許されるだろう、とタカをくくってもいた。

本多の身辺にスパイを放っていたらしい亀姫はここに目をつけた。将軍が日光参拝を終わって帰る途中、彼女は密使を飛ばせたのだ。

「宇都宮の城にはお気をつけ下さい。無届で鉄砲がかつぎこまれています。お泊まりはおやめになったほうが……」

驚いた秀忠は、急ぎ予定を変更し、別の道をたどって、江戸へ帰ってしまった。本

多正純はのちにこの件について詰問される。

「いや、これも将軍のおんためと思えばこそ」

しきりに弁明するが、

「規則は規則だ」

とうけつけない。先に規則を楯《たて》にとって亀姫をへこました正純は、今度は自分がやられる番になったのだ。遂に彼は所領を召しあげられ、奥州に配流の身になって、満たされない思いを残して死んだ。

この本多正信、正純父子は、家康の懐刀《ふところがたな》とよばれた側近第一号で、ともに権謀の人として知られている。その正純が失脚したのだから世間は目をみはった。後にはこれに尾ひれがついて「宇都宮釣天井事件」ということになるのだが、別にそんなキテレツな仕かけがあったわけではなく、亀姫の執念こそ「釣天井」の御本体なのである。

もちろんこの陰には、幕府内の複雑な権力争いもからんでいたらしいのだが、ともあれ立役者は亀姫だ。若き日血みどろな籠城に耐えた彼女は、六十をすぎたいま、みごとに正純を「討ち取った」のである。

執念を達した彼女は、やがて元服した千福―忠昌とともに、宇都宮城にかえり咲く。このときはさらに五千石の加増をうけた。

——成せば成る。

宇都宮へ凱旋《がいせん》の道すがら、このたくましきオババ殿が、そうつぶやいたかどうかは、残念ながら残っていないけれども……。

裏から見た才女たち

紫式部——高慢なイジワル才女

　紫式部が日本のスーパーレディーであることは言うをまたない。その著「源氏物語」は、日本文学の代表作だが、そればかりではない。世界じゅうどこをさがしても、あのころあれだけの作品をのこした女性はいない。世界のスーパーレディー・コンテストがあったとしたら、上位当選は確実だ。

　だいたい日本の女性はスケールが小さく、残忍、淫乱、強欲のどれとして世界的水準？　に達していないが、ひとり紫式部が文学の分野で気を吐いているのは、たのもしいかぎりである。

　が、いまさらここで「源氏物語」がいかにすばらしいかということを書いてもはじまらないので、彼女をちょっと横からながめてみよう。すると、この超スーパーレディーも、案外人なみなオンナであることに気がつく。

彼女は平安朝中期の人、藤原為時という中級官吏、受領層の娘である。同じ階層の藤原宣孝と結婚するが、一女をもうけてまもなく死別、のちに藤原道長の娘である一条帝のお后、彰子《しようし》に家庭教師格でつかえた。

家庭教師にえらばれるからには、大変なガクがあったわけだが、この学才について、はしなくも彼女は、女のいやらしさをさらけだした一文をのこしている。

彼女は日記の中にこう書いている。

「清少納言くらい高慢ちきな女はいない。いやにりこうぶって漢字や漢文を書きちらしているが、よくみればまだまだ未熟なもの。こんな人はゆくすえろくなことはあるまい！」

何という手きびしさ。

清少納言といえば式部と肩を並べる才女で、「枕草子」を書いている。清少納言の仕えた中宮定子と、式部の仕えた中宮彰子は、ともに一条天皇のお后でライバル関係にあったので、しぜんイジワルになったのだろうか。それにしても、ゆくすえろくなことがないだろう、とはひどすぎる。

そして、自分については、

「私は小さい時、兄が書物（もちろん漢文だ）を読むのをそばで聞きおぼえ、兄より

すらすら読んだので、父が男の子でなくて残念だ、と言ったものだ」と自慢たらたらだ。しかも、

「その私でさえ一の字も書けないふりをし、びょうぶに書いた文字も読めないふりをしているのだ。中宮さまにも、人のいない時にそっとお教えするようにしているのに……」

なるほど、大変なごけんそんぶりだ。しかしけんそんというのは、だれにも言わないところに値打ちがある。こう言ってしまっては、むしろ清少納言よりもいやらしい。このファイトのもやし方、どこか現代の女子学生に似てはいないだろうか。

「あの人、やたらに英語やフランス語を使うけどさ、書かせてみりゃあスペルなんてまちがいだらけよ。こっちはね、こうみえても、サルトルを原書で読んでるんですからね！」

大作「源氏物語」ではニクイまでの冷静な筆づかいをみせている紫式部だが、素顔はあまりにも「女性テキ」だ。

いじわるマダム紫式部の、もう一つの「女性的」特質はなかなかウヌボレが強いことだ。先にご紹介した「紫式部日記」には、彼女と藤原道長との交流が書かれている。

道長——といえば当時のワンマン。平安貴族の黄金時代を築いた人で、式部の仕え

る中宮彰子の父である。彼女の一家は、この権力者にだいぶお世話になっている。彼女が彰子の家庭教師になったのも、道長のお声がかりによるものだった。道長は、そのころ式部が書きはじめていた「源氏物語」にも大いに関心を持っていたらしい。が紫式部は、

「いやそれだけではない。道長さまは、じつは私自身へも関心をお持ちだった」

と日記の中に書いているのだ。

ある日のこと、中宮のところへやって来た道長が、「源氏物語」を見て、何やかや冗談をいったあとで、歌をよみかけた。

すきものと名にし立てれば見る人の折らで過ぐるはあらじとぞ思ふ
「こんな物語を書くあなたは相当の浮気者だと評判だ。このぶんでは素通りする人はないのじゃないかね」

式部はすぐさま、

「どういたしまして……」

と返歌する。

と、そのあと真夜中に戸をたたく音がした。あいびきのサインである。こわくなってじっとして戸をあけずにいると、翌朝道長から歌が届けられた。

夜もすがら水鶏《くいな》よりけになくなくぞまきの戸ぐちにたたきわびつる

意味だけ言えば「夜中じゅう泣く泣く戸をたたいたのに、あけてくれなかったね」というようなことである。式部はそれに答えて、

ただならじ戸ばかりたたく水鶏ゆゑあけてばいかにくやしからまし

「どうせちょっとした物ずきでなさったことですもの。あけたらかえって後悔しますわ」

式部と道長の交渉はこれだけだ。

はたして二人はどうだったのか？　これには古来学者にも二説ある。式部は道長にからだを許していたという説、いやこれだけで何もなかったという説――。

私はどうもあとの説に賛成だ。当時の常識として男性から誘われた場合、一度はノウといってみせるのがエチケットである。本当に気があれば二度も三度もやって来るはずなのに、残念ながら式部の日記にはそのあとのオハナシは残っていない。式部としてみるとやはりこれは道長のほんの気まぐれだったのではないだろうか。が、式部はそうは思わなかったらしい。よほどうれしかったとみえてイソイソとそのことを書きつけているあたり、女らしいウヌボレが顔をのぞかせている、とはいえないだろうか。

そして私のみるかぎりでは、そのウヌボレは「源氏物語」の中にも影をおとしていると思われるのだが……。

「源氏物語」に「帚木《ははきぎ》」「空蟬《うつせみ》」という巻がある。光源氏は、ふとしたことから、年とった地方官の後妻になっている空蟬と一夜のちぎりをかわすが、なぜかその女のことが忘れられない。

身分も源氏とは段ちがいの中流官吏の妻だし、どっちかといえば不美人にちかいのだが、それでも持っている雰囲気がすばらしいのである。源氏はしきりに二度の逢瀬を求めるが、彼女の答えは意外にもノウだった。

上流の貴族の娘さえ、彼のさそいには二つ返事なのに、思いのほかの拒否にとまどいもし、ますます恋心をかきたてられる。空蟬だとて源氏を憎んでいるわけではない。が、一時的にもてあそばれるのはいやだし、かといって源氏が真剣に恋してくれても、すでに地方官の後妻になっている自分がどうなるものでもないではないか……。

こうして空蟬は、源氏が苦心して近づくのをたくみに身をかわしてしまう。

文学作品に性急にモデルを求めるのは危険だが、私にはこの空蟬にはどうも紫式部自身の姿がのぞいているような気がしてならない。

中流官吏の家の出身、年のちがう夫（式部も夫とは大分年がちがっていた）、あまり美人に仕立てあげていないのも意味ありげだ（式部自身美人だという言いつたえはない）。

その空蟬に、天下一のひと源氏を拒否させたことは、つまり道長を拒否したあの夜の事件が二重映しになってはいないだろうか。

——こんなふうにすれば風流心のないデクの坊に思われはしないか、いや思われるならそれでもいい……。

などと空蟬の心理描写はじつに細かい。

「源氏物語」の中で源氏をこばむ女性はなかなかいない。中でも彼が生涯の理想の女性とした藤壺中宮とこの空蟬——それぞれ一度は交わりを持ったが、遂にその後は拒否しつづけた。その意味で空蟬は「源氏物語」の中でかなり重要な登場人物である。

もっとも現実の道長は、紫式部とのことは、ほんのでき心で、すぐ忘れてしまっていたかもしれない。それを後生大事にあたため続けて「源氏」を書いたとすれば、まさに空蟬は式部のウヌボレの所産である。

イジワルとウヌボレ……ああなんと女らしさをさらけだしていることか。

だが、私たちは紫式部の、この女らしさをあざわらうことはできない。タダのネズミでなかった彼女は、このウヌボレをみごとな文学に結晶させているからだ。

空蟬が源氏を愛しながら拒みつづける姿はじつに感動的だ。このごろの簡単に愛し、簡単に交わるオハナシとは全く異質の女心の微妙なかげりを、そして拒否するという愛のかたちのふしぎな美しさを、あますところなく彼女はえがきつくしているのである。

その意味で彼女は、最も女らしい女の味を武器とした大型スーパーレディーというべきだろう。

清少納言――ガク振りかざす軽薄派

清少納言は、紫式部と肩を並べる王朝の才女といわれている。しかも、紫式部が、彼女について痛烈なワルクチを言っていることは先にご紹介したとおりである。

「ひどく高慢ちきで、生かじりの漢文なんか書き散らすイヤーナ女!」

たしかに清少納言には、そう言われてもしかたのないところがある。たとえば、彼女の仕えている中宮定子(一条天皇のお后)が、ある雪の日、こう言った。

「少納言よ、香炉峰《こうろほう》の雪はいかに?」

すると彼女はしたり顔で進み出て、定子の前の簾《すだれ》をスルスルと巻きあげ、大いにおほめにあずかった。というのは中国の古典に、

「香炉峰ノ雪ハ簾ヲカカゲテミル」

という文句があるので、それを実演してみせたのだ。その文章は知っていても、機

転のきかない同僚たちは、ポカンとしてそれをみつめていたに違いない。

清少納言は、その著「枕草子」の中にトクトクとしてそれを書きつけているが、これなどもいや味といえばいや味である。

紫式部ならずとも、これでは胸がムカムカする。「枕草子」の中には、こんなふうにガクをふりまわす所がたくさんあるのだ。

清少納言のもう一つのご自慢は、ウイットに富んだ会話である。中宮定子の後宮には、高位高官がしきりに出入りするが、それらのご連中をむこうにまわして、いかに自分が気のきいた会話のやりとりをし、みなを感心させたか——このあたりは、まさに現代のバーのホステスなみだ。

きょうは大臣Xが来たからからかってやったとか、きょうは大会社の社長が来てチヤホヤしてくれたとか、あたかも自分が大臣や社長と同列の人間にでもなったような口のききざまは、はたからみると苦々しいが、「枕草子」には、そうした個所もたくさんある。

彼女のウヌボレも相当なものだ。

ある日、官房長官クラスの高官が来て清少納言におせじを言った。

「私は、たとえ目が縦につき、鼻が横についていてもいいから、あいきょうがよくて、首すじがきれいで、声に魅力のある人が好きなんだ」バーあたりで、あまり器量のよくない女の子をくどくときのあの「手」である。ははア、してみると、清少納言はお顔のほうはどうやら、おそまつだったらしい。

なんと見えすいたおせじ！

にもかかわらず、清少納言は有頂天だ。だいたい彼がこんなことを言うのには下心があったのだ。彼は中宮定子にとりいるために、清少納言に近づく必要があったからだ。それがわからないとは、なさけない。

知ったかぶりで、軽薄で、おめでたくて……まさに現代女性そのままの、清少納言！これが平安朝を代表する才女の実態なのか。

おしゃべりで、おっちょこちょいなサロン才女——これでは清少納言に敬意を表する必要はどこにもないではないか……私は長いことそう思っていた。

たしかに「枕草子」の中には気のきいたことがいろいろ書いてあるが、それも単なる機知以外ではないと。さらに何となく気にさわるのは、彼女が受領《ずりよう》階層の出身でありながら、その連中について、実に冷たい書き方をしていることだった。

彼女は清原元輔という中級官吏の娘である。清少納言の「清」の字は、すなわち、清原家の出身であることをしめしている。父の元輔は「百人一首」のなかに、ちぎりきなかたみに袖をしぼりつつ……

の歌を残している歌人だが、役人としては、あまりうだつがあがらず、六十七歳になって、やっと周防守《すおうのかみ》（現在の山口県のあたりの地方長官）に任じられた。彼女は元輔の晩年の子で、少女時代、父に従って任地へ下ったらしい。

それ以後の人生経路は、はっきりしないが、同じくらいな階層の中流官吏橘則光と結婚し、何人かの子供を産んだあと、宮仕えの生活にはいり、とかくするうち何となく別れてしまったようだ。

こう見てくると、彼女は根っからの中流階層だ。にもかかわらず「枕草子」の中にこの階層の人間について書くとき、その筆は決して好意的ではない。

「センスがなくて、ことばづかいを知らなくて……」

とさんざんにけなしている。まるで宮仕え以来、彼女自身が上流貴族の仲間入りしてしまったかのようだ。

中宮とか、そのまわりにいる大臣などのことは、手ばなしのほめようなのだが、たとえば、何かの官にありつこうとして走り回る連中、つまり彼女の父親たちの階層の姿は突き放した目でみつめている。

髪の白くなった老人が、つてを求めて、宮中の女房の所へやって来て、自分にはこんな才能があるなどと、くどくど言っているのを、若い女房が小ばかにして、その口まねをするが本人は気がつかない——などというのは、現代に変わらぬ就職運動を描いてなかなか痛烈だ。

「こんなふうに、まるでひとごとのように書くのは、自分が上流階級にはいったつもりでいるからだ。つまり成り上がり根性だ」

学校でそう教わりもし、私もそう思いつづけて来た。

軽薄な、成り上がり根性の、いやな女——。

が、それだけだったら、私はこのシリーズに、彼女をとりあげはしなかったろう。しかし「枕草子」を読んでいるうちに、少しずつ考え方が変わって来た。たしかに彼女は軽薄で、いい気なところのある女性だが、それとともに、彼女以外のだれにも与えられなかった、すばらしい天賦の才の持ち主であることに気がついたのだ。

清少納言だけに与えられた天賦の才——それは感性のするどさだ。宝石のきらめきとでも言ったらいいだろうか。

例をあげよう。彼女は「うつくしきもの」として、

「おかっぱの髪が、顔にふりかかるのをかきあげもせず、首をかしげて物に見入る子供」

をあげている。「うつくしきもの」とは現代の「かわいい」と「美しい」をかねたような意味だが、なにげないことばで、いかに巧みに、幼子のあどけない凝視を描きつくしているか、子供をお持ちのおかあさまなら、おわかりになるだろう。そして、この幼子の凝視は、清少納言自身の凝視でもある。

こうした、さわやかな感性をあげだしたらきりがない。そして、この部分にこそ、彼女の天分はあますところなく表われている。サロンの中での手がら話だけに目を奪われているとしたら、宝石の中から、わざわざ石ころをえらびとっているようなものだ。

かといって、私は彼女の軽薄さやおめでたさまで弁護しようとは思わない。ただ言いたいのは、人間にはそうした欠点と天分とが時として同居するということだ。紫式部が何と悪口を言おうと、彼女はホンモノの才女なのである。

では紫式部と清少納言と、どちらがすぐれているか？　これはなかなかの難問だ。紫式部には一目一目編み物をしてゆくようなたんねんさがあるが、清少納言には、ずばりとナイフで木をえぐりとる鋭さがある。紫式部を、冷静な瞳と深い知識を備えた優等生型とするなら、清少納言は感性を武器にした天才型だ。

そう思って読んでみると、例の鋭く速いタッチの中に、ふしぎに透徹した非情さが、にじみ出ていることに気がつく。これは清少納言独特のもので、紫式部ではこうはいかなかったろう。じめじめした感傷をまつわりつかせないこの力量は、日本では珍しい感覚である。

これを、受領階級の悲しみを知っている清少納言が、わざと悲しみをおさえて突きはなして書いたのだ、という見方もあるが、少し考えすぎで、かえって彼女の本質をとらえていない読み方だ。

「顔で笑って心で泣いて……」

といったナニワ節調がないのが、清少納言の清少納言たるところなのだ。

彼女は、むしろ無邪気だ。その突き放した明るさが、たくまずして人生の真髄に迫るのだ。彼女はきっと、明るくて、多少おっちょこちょいな童女めいた女性だったのではないだろうか。が、童女の目が時としておとなより残酷に真実を見すえるように、鋭いきれあじで人生のベールをはぎとってみせてくれる。

私はむしろ、現代の女性の方々に「源氏物語」よりも「枕草子」をよむことをおすすめしたい。だいいち「源氏」よりずっと読みやすいし、現代に通じる警句があちこちに散らばっているからだ。

「めったにないもの、舅《しゅうと》にほめられる婿、姑《しゅうとめ》に思われるよめの君」

とか、

「憎いもの。急ぎの用の時長居する人」

などのケッサクがあるほか独特の恋愛美学もズバリと語られている。彼女には、美しいものとそうでないものを区別する、天才的な勘があったらしい。千年前に生きながら、彼女の感覚は今でもとびぬけて新鮮である。

静御前——レジスタンスの舞姫

義経の愛人、そして絶世の舞の名手——。

静御前《しずかごぜん》は、日本史のスター中のスターである。その生涯は、いまさら説明を加えることもないくらいだが、あまり有名なために、かえって見落とされているようなことがある。

その一つは、彼女が男装の麗人だ、ということだ。白い水干《すいかん》、金色の立烏帽子《たてえぼし》、袖をひるがえして舞う姿は、いかにも優雅だが、じつはこの水干、立烏帽子は男の装束なのだ。水干というのは、ふだん着より少し改まった感じだから、いうなれば、黒のタキシードを着て登場する宝塚の男役——といったところかもしれない。その意味では、静御前に捧げる褒め言葉は、「優雅」よりも、「颯爽《さっそう》」でなければならない。

今は男が髪を伸ばし、女がジーパンに男ものシャツという風俗がちっとも珍しくなくなった。こういうモノセックス時代には、かえって静御前の男装のもたらす雰囲気が理解しにくいと思うのだが、これは当時としては、人々をギョッとさせる、かなり大胆な風俗だったのである。

といっても、これは静の発明ではない。彼女たちのような、「白拍子《しらびょうし》」と呼ばれる舞姫たちの舞台衣装であって、舞が終わればもちろん彼女たちも、ふつうの女装束にかえるのだ。

この白拍子がいつ生まれたかはわからない。起こりは、神に踊りを捧げる巫女のようなものだったというが、ともかくそのころは、この衣装がうけて、彼女たちは引っぱり凧《だこ》、もちろん神前だけでなく、貴族や武士の家にも招かれる。静より少し前に登場し、平清盛に愛された、祇王《ぎおう》、祇女、仏御前などは、その例である。

人によっては、白拍子というのは神聖な巫女だともいうし、いやいや、遊女と同じだ、という説もある。祇王や仏御前の例もあるから、あまりお堅いことは言えないが、ともかく芸能人だから、からだを売るだけが本職でもあるまい。だいたい日本の芸能の多くはその接点のようなところで発展してゆくのだから野暮なせんさくは不要であろう。

もちろん芸能人だから、芸の売り込みは必要だ。仏御前も、

「私たちは、こっちから押しかけていって芸を見てもらうのがふつうだから」といって、呼ばれもしないのに、のこのこと清盛の屋敷へやって来て強引に舞を見てもらっている。

どちらかというと、ドライで、積極的で、といった芸能人タイプ——。芸を武器に、チャンスがあれば、有名人の愛人にでも何でもなってしまう、というのが当時の白拍子の姿だった。だから、静御前という名前に眩惑されて、もの静かな、なよなよした美女を想像しては、ちょっと見当ちがいであろう。特に静は母親の磯禅師も白拍子上りである。骨の髄まで白拍子気質《かたぎ》はしみこんでいた、と見ていい。

その静の前に姿を現わしたのが源義経だ。ついこの間までは全く無名だったこの青年は、木曾義仲を追払い、次いで平家をほろぼして、一躍都のスターとなった。

——さあ、これからは源氏の世の中。

かつての占領軍にワッとばかり集まったように、女たちが、彼をちやほやしたのは想像にかたくない。その義経が目をつけたのが、ほかならぬ静御前だ。彼女はともかく、母親の方は、祇王、祇女、仏御前の栄華を胸に描いて、ひそかに、にんまりしたのではあるまいか。

ところが、それから間もなく——。

事態は急変した。兄頼朝の怒りを買って、義経は失脚、追手を逃れて逃げ廻る身の上になってしまったのだ。

こんなとき、特にプロの女は冷たい。破産した社長さんにとことんつくす女などはまずいない。金の切れ目は縁の切れ目とばかり、さっさと離れてゆくものだ。

ところが、静はそれをしなかった。いったんは西国へ行こうと船出するが、大暴風雨《しけ》にあってこれも失敗、吉野の山に逃げこむときも、最後までついていっている。が、吉野は女人禁制の山なので、泣く泣く別れたところで、捕らえられてしまった。

それから鎌倉へつれて来られて、訊問をうけるのだが、彼女が男装の麗人らしい颯爽たる所を見せるのは、これからである。

彼女は頑張るのだ。義経の行方を聞かれても、

「知りません」

の一点張り。吉野で誰の世話になったか、と聞かれても、

「名前は忘れました」

としらばくれる。捉《つかま》ったら簡単に吐いてしまう手合いとはわけが違う。

そういうつみ重ねがあってから起きるのが例の鶴岡八幡宮の舞の一件である。舞の名手の静が来たとあっては、ぜひとも一度は舞わせてみたい、と思った頼朝は、八幡

宮の神前に舞を奉納せよ、という口実で静を引張りだす。

このとき、彼女が、舞いながら歌った歌はあまりにも有名だ。

よしの山峯の白雪踏みわけていりにし人のあとぞ恋ひしき

しづやしづしづのをだまき繰返し昔を今になすよしもがな

八幡宮の前で源氏万歳のおめでたい舞でも舞うのかと思っていた頼朝は、

「けしからん奴だ」

と激怒した。これを、政子がまあまあ、となだめる一幕があったが、静にすればこれはその場の思いつきでやったことではあるまい。

「何さ、こんなところで、鎌倉バンザイなんて歌えますかってンだ」

そういうコンタンで、一発やらかしたのにちがいない。舞台に立った瞬間、義経のことが頭にうかんで、思わず口をついて出てしまった恋の歌であるより、これは、むしろ彼女のレジスタンスの歌なのである。

従来、彼女のこの事件を、貞女の悲恋物語ふうにうけとめているむきが多いが、それより、これはぐっとイキのいいタンカである。芸能人や水商売の人の中には、時折りこういう胸のすくような鉄火肌の女性がいる。静はまさにそういう女だったのだ。

この事を物語るもう一つのエピソードがある。その後、鎌倉の若い武士達が、静の所におしかけて酒宴をひらき歌を歌ったりして大騒ぎしたことがあった。こんなとき、母の磯禅師《いそのぜんじ》は心得たもので、昔の芸を披露して興をそえたりした。が、段々男たちが図にのって、言い寄ったりしはじめると、静はぴしゃりと言ったものである。

「馬鹿におしでないよ。私は鎌倉殿の御連枝《ごれんし》、義経さまの奥方よ。世が世なら、あんたたち、私の傍へも寄れたものじゃないはずよ。ああ、くやしいっ」

磯禅師の方は長いものには巻かれろという主義である。が、静は、あくまでスジを通す。大局的に見れば、静のやり方は損かもしれない。できるだけ頼朝のごきげんをとり、義経の赦免を願う方がりこうだ。しかし、そんな駆引をしないところが、彼女の颯爽たるゆえんなのである。これを今までは、単なる貞女伝説にしすぎてはいなかったか。ただ義経が恋しくて、恋しくて、前後を忘れて、恋の歌を歌った舞姫という、涙メロメロのドラマ仕立てでは、静の真意は理解できない。

考えてみれば、権力者の前で、彼を批判するようなことはなかなかできないものである。現代だって、首相主催の文化芸能人パーティーとか、もっとえらい人の観桜会などに呼ばれれば、もうそれだけでニコニコしてしまう連中が多いではないか。そんな席上で、

「あんたの政策まちがっとる」

とか、

「私の愛する夫は戦争で死んでしまいました。私の夫を返して下さい。あの戦争の責任はどうなってるんですか」

などと言った話は聞いたことがない。

静はそれをあえてやってのけた勇敢なる女性なのである。

出雲お国——自力で売り出した大スター

出雲お国は、かぶきの先祖だといわれている。が、彼女のすばらしさはそれだけではない。現代の芸能人が束《たば》になってかかってもかなわないくらいな、大型スターなのだ。

もし彼女がもう一度現代によみがえって来たら、今大人気のスターがはたして健在でありうるかどうか、芸能人はすべからく、彼女が三百数十年前に死んでしまっていることに感謝すべきである。

彼女はなににしろ、ただ踊りがうまいとか、歌がうまいというだけのスターではない。これまでだれもやったことのない新しい演劇、舞踊を考えだし、これを流行させたのだ。つまり、企画、製作、興行、広告、しかもご本人の出演という、現代なら何人もが手分けして、やっと間にあわせていることを、たったひとりでやってのけた。

もともと彼女はズブの素人ではない。出雲の生まれで父は出雲大社に召しかかえられていた鍛冶職人でお国は大社の巫女《みこ》だったともいわれている。だとすれば、神楽舞《かぐらまい》などは朝めし前だったに違いない。

そのお国に、あるときチャンスがやって来た。出雲大社が勧進《かんじん》のために、お国たちを都へのぼらせたのだ。勧進というのはいわば寄付募集で、お国たちは神楽舞を舞ったりして、ひとびとの喜捨を仰いだ。

このとき、お国は、人々の寄付してくれた浄財よりもはるかに大きい収穫を得た。ころは安土・桃山から徳川へと移るとき——。信長、秀吉らが天下を握った生き生きした時代のいぶきはまだ残っていて、すべてが自由奔放だった。出雲のいなかからやって来たお国はそれに目を奪われた。

——そうだ、私も古くさいお神楽なんか踊ってられやしない。

しかも見たところ、この方面はまだ出おくれだ。クソ面白くもない能だとか小舞、幸若舞《こうわかまい》がまだ幅をきかせているが、きっとこれも長いことはあるまい。

——とすれば、一足でもはやく新企画をはじめたものが勝ち。

と見きわめをつけると、さっさと勧進興行の一座をぬけてしまった。しかもこのとき、同じ巫女仲間のなかで、ものになりそうなのを、ごっそりスカウトして行ったというから、最初からプロデューサーとしての腕は相当なものだった。

出雲大社はカンカンになったが、お国はすましたもの。早速新しい企画にとりかかった。

まず彼女が考えたのは、女優だけの一座の結成だ。今考えれば何ということはないが、当時としては画期的な新しさだった。それまでは演劇も舞も男ばかり――女役も男がするものときまっていたのを、彼女は逆手を使った。はやし方や道化だけは男がつとめるが、二枚目役の男はお国はじめ男装の女が演じた。

――ヘエ。女が男役をねえ。

とたちまち好奇の目はあつまり、お国一座は大人気を獲得。宝塚歌劇は三百年前、すでにお国の手によって成功していたのである。

お国かぶき――徳川のタカラヅカが現代とちがうところは、ヅカが企画者小林一三とスター達の二人三脚で始まったのに比べて、お国がこの二役をかねていたことだ。彼女はいつも主役の男役を演じていたのだから、まさにスター兼プロデューサーである。

舞台そのものもヅカ調の上品なロマンチックムードではない。大胆な桃山ふうの小袖《こそで》をしどけなくまとって、はだけた胸からはキリシタンの金の十字架をのぞかせて

——。なにごとも時代の先端をゆく斬新《ざんしん》奇抜なもので、踊りや芝居も、エロチックな、かなりきわどいものだったらしい。

人気が高くなると、ゴヒイキ筋の客種がよくなるのは今も昔も同様で、お国は方々からひっぱりだこになった。諸大名や将軍家、はては宮中にも招かれたというから、英国女王から勲章を与えられたビートルズとよい勝負である。

かくまで人気を獲得した最大の理由は、お国の芸能人としての根性だ。ふつう、ちょっと人気が出てくると、スターはえてしてお天狗《てんぐ》になり、声もろくすっぽ出ないうちに、

「ボクの芸術は……」

などと言い出す。が、お国にはそれがない。

——何事もお客様第一。

あきられないように、次から次へと新手を考え出した。その手がかりとして、お国は強力なブレーンを獲得した。

名古屋山三郎《さんざぶろう》そのひとだ。

そのころきっての美青年で、少年時代には蒲生氏郷《がもううじさと》の男色の相手として有名だった。しかもただの寵童ではなく、槍の名人でもあった。

氏郷が死ぬと、彼はたいへんな遺産をもらって都で気ままなくらしをはじめた。金があって腕が立ち、しかも天下の美男とあっては、女たちがすてておかないし、彼自身もかなりプレイボーイだったらしい。

この山三郎とお国の結びつきの始まりは不明だ。お国が山三郎に近づいたのか、それとも山三郎が興味をしめしたのか……。

ともあれ、山三郎はお国の一座のために、巨額の金をなげだした。さらに彼自身のセンスも大いにものを言った。

「泥くさいなあ、まるで念仏踊りだな、それじゃあ。もっとカッコイイのをやれよ」

おかげで、お国かぶきは、目立ってあかぬけて来た。

それにもう一つ、山三郎はお国かぶきに、大変なプラスになった。一代の風流男山三郎が後援しているというだけで人気が出たのだ。

「お国と山三郎さまの仲はいったいどうなのかしら？」

週刊誌こそはなかったがこんなうわさが人の口に上り始めるころ、お国が夫の狂言師三十郎と別れたのは意味深長である。

ゴシップはさらに一座の人気を高め、名古屋山三郎をパトロンに、お国一座はぐいぐい伸びてきた。

ところが、まもなく一大事が起こった。頼みとする山三郎が、旅先である事件のために殺されてしまったのだ。彼の妹は、森美作守忠政《もりみまさかのかみただまさ》という武士にとついでいたのだが、山三郎がその領地で森家の家臣と口論したのがわざわいのもとだった。

――天下の美男が殺された！

知らせがもたらされたとき、都じゅうの人がぎくりとした。そしてお国のことが口に上った。

「お国はがっくりだろうな」

「もうあの一座はだめなんじゃないか」

ところがである。

お国はその直後、敢然と興行の幕をあけたのだ。しかも上演した狂言は、なんと山三郎の死を題材にしたものだった！

これはうけるにきまっている。いわゆるキワものという、あれだ。大事件のあとには、こうしたあてこみがいつも現われるが、なにしろお国のは、お国と山三郎のいきさつを自作自演したのだから、都じゅうの話題をさらった。

ふつうなら恋人の死に泣きくずれるところを、そのままネタに大もうけとは、まさに芸能人のド根性だ！　が、私は、出雲お国の正真正銘のド根性は、もうひとつ裏にかくされているのではないかと思う。

　というのは、じつは、ここまでお国の生涯を書いて来たものの、もしかしたら、それらは全部彼女のデッチあげかもしれないのだ。

　彼女をもっとも有名にした名古屋山三郎との恋愛関係も、信用するに足る当時の史料には登場していない。彼女と山三郎の名が結びつけられているいちばん古い史料は、「山三郎がお国に刀をさして早歌で舞うことを教えた」ともっぱらブレーンとしての活躍だけを伝えている。彼をお国の夫とするのはずっと時代が下ってからの説である。

　また、近ごろでは彼女が出雲の生まれということにさえ疑問を持つ説があるようだ。お国については出雲から佐渡へ渡り、それから都へ流れて来たという本もある。つまり諸国を流浪してからだをひさぎながら歌や踊りを見せて歩く、ただの旅芸人ではなかったか。彼女が出雲の巫女だと名乗ったのは、その方が権威があるからだ、ともいう。

　してみると、お国の伝説は、はなはだあやしい。山三郎との恋愛関係も眉《まゆ》つばものだとすると、彼女は彼の死をいいことに、まんまと恋人になりすまし、ひともうけをたくらんだことになる。スターを売り出すとき、映画会社はよくこの手を使うが、お国のは、アイデアも自分もち、全くの自作自演である。映画会社の宣伝部顔まけのこの売りこみ策！

が、考えてみれば、自分そのものを演じるだけでは役者とはいえない。ウソをホントらしく演じてこそ役者なのだ。お国はまさに、この意味で、ウソを練りかためた人生を生きた最大の役者かもしれない。演技賞は確実である。

解説

細谷正充

今年（二〇二二年）のNHK大河ドラマ『鎌倉殿の13人』は、源平合戦から鎌倉幕府の成立、そして幕府内の闘争を描いている。三谷幸喜の脚本は秀逸であり、鎌倉幕府の複雑な人間関係を分かりやすく見せながら、北条義時を始めとする人々の魅力を表現。大きな人気を獲得した。ドラマによって、この時代の面白さを知り、歴史書や歴史小説を購入した人も多いだろう。私も毎年、ドラマと関係ある本を積み上げてしまう。そして気づくのだ、また、永井路子の『歴史をさわがせた女たち 日本篇』が、積み上げた本の中に入っていると。

だがそれは当然だ。本書には古代から幕末まで、三十三人（「巴・板額」を別々にカウントすると三十四人）の女性が取り上げられているのだ。『鎌倉殿の13人』の重要人物である北条政子、来年の大河ドラマ『どうする家康』に出てくるであろう淀君・お江・北政所（一豊の妻・細川ガラシヤ・亀姫も可能性あり）、再来年の大河ドラマの主役だという紫式部や同時代人の清少納言と和泉式部……。おそらく近代以前のどの時代を扱っても、本書で取り上げられている誰かが登場する。だから大河ドラマの愛好家に向けて、一家に一冊『歴史をさわがせた女たち日本篇』と、いいたくなってしまうのだ。

本書が現在の形に落ち着くまで、かなりの曲折がある。内容に触れる前に、まず書誌を書いておこう。「日本経済新聞」夕刊に『スーパーレディー外史』のタイトルで、一九六八年四月二日号から九月二十六日号にかけて定期連載（毎週の火曜から木曜に掲載）された。翌六九年二月、持統天皇・藤原薬子・阿仏尼の三人を新たに加え、日本経済新聞社から『日本スーパーレディー物語』のタイトルで単行本が刊行される。その後、二条・橘三千代・卑弥呼・静御前の四人をさらに加え、『歴史をさわがせた女たち日本篇』と改題し、一九七五年十二月、文藝春秋から単行本を刊行。一九七八年六月には、文春文庫に入った。本書は、この文春文庫を底本としている。本が出るたびに、加筆や改稿があり、さらに文庫になった後も、新たな知見を得れば、追記という形で書き足している。歴史に対する作者の姿勢は、実に誠実なのだ。

しかし一方で、当時の言葉や昭和の流行語は、そのまま残されている。たとえば「蜻蛉日記」を書き残したことで歴史に名を残した（名前が分からないので、この言い方は不適切かもしれない）道綱の母を、作者は「彼女が日本における「書きますわよマダム」」の元祖であるからだ」という。この「書きますわよ」は、一九五六年の流行語。女優の森赫子の『女優』、織田作之助の未亡人・織田昭子の『マダム』、女優から医者になった河上敬子の『女だけの部屋』と、赤裸々な筆致の自伝や随筆集が相次いで出版されたことから生まれた。

また、丹後局を「よろめきマダム」といっているが、こちらは一九五七年に出版された三島由紀夫の『美徳のよろめき』がベストセラーになったことから、不倫を意味する「よろめき」が流行語になる。そこから派生した幾つかの言葉の中に「よろめきマダム」があった。他にも当時の流行語などが多数使われているので、気になる言葉があったら調べてみるといいだろう。

それはそれとして、丹後局である。私は本書で、このような女性がいたことを初めて知った。熊姫・若江薫子・松下禅尼も同様である。昔はインターネットもなく、歴史時代小説を読んで日本史に興味を持つようになっても、どんな本を読めば知識が得られるのか分からない。入門書的な新書や文庫も多くはない。そんなときに頼りになったのが、歴史時代小説家の歴史エッセイ集である。知っている作家の歴史エッセイ集を買って、いろいろ覚えたものだ。特に、永井路子は歴史エッセイ集が多く、大いにお世話になった。本を開くたびに、こんな人がいたのかと、驚いたものである。

だが、それ以上に驚いたのが、作者の語る歴史観・人物観であった。本書でいえば、北条政子の政治的業績は何一つないと断言し、「彼女はこの義時のロボットなのだ」と喝破する。千姫の吉田御殿のご乱行という噂の裏には、やはり家康の孫である熊姫の思惑があったのではないかと推察する。山内一豊の妻の賢夫人伝説を広めたのは、夫ではないかと考える……。この一豊黒幕説などは、いわれてみればなるほど納得。いかにもありそうな話だと、感心してしまったのである。

しかも人物に対する評価が、これまた鋭い。清少納言のところで、「紫式部には一目一目編み物をしてゆくようなたんねんさがあるが、清少納言には、ずばりとナイフで木をえぐりとる鋭さがある」という評価は、実に的確だ。このような文章が随所にあり、何度もハッとさせられる。現在では新説ではなく通説になった部分もあるが、それは逆に作者の史観の先進性を証明しているといっていい。これからどんなに歴史研究が進もうと、本書の価値は揺らぐことなく、読まれていくことだろう。

なお、本書の他にも、『歴史をさわがせた女たち』には外国篇と庶民篇がある。併せてお勧めしておきたい。男性について知りたければ、『歴史をさわがせた夫婦たち』『にっぽん亭主五十人史』『わが千年の男たち』などがある。うん、これらの本も積み上げて、今後の大河ドラマを楽しむとしよう。

ところで今年の九月に文藝春秋から出版された、篠綾子の『歴史をこじらせた女たち』という本をご存じだろうか。タイトルから明らかなように、本書を強く意識した歴史エッセイ集だ（ちゃんと三十三人になっているのが嬉しい）。この本の「はじめに」で篠は、高校三年のときに本書を手にし、「北条政子」の項で目から鱗が落ち、「遠い時代に生きた女性があまりにも鮮やかに生き生きと感じられたことに、とてつもない衝撃と感動を覚えたのです」といい、「私の受けた衝撃や感動を、別の誰かにお渡しするのはとうてい難しいのですが、それでも、過去にこういう女性がいたのか、こんなことがあったのかと興味を持っていただくことができれば、どんなにすばらしいことでしょう」と述べている。

あらためていうが永井路子は、歴史の中の女性にスポットを当て続けてきた。三浦一族が歴史に与えた影響の大きさを明らかにしながら、北条政子の新たな人間像を描き切った『北条政子』や、戦国時代の姫君や武将の妻の役割を詳らかにした『山霧毛利元就の妻』『姫の戦国』などは、小説でありながら、多くの人の歴史に対する意識を変えた。日本史の女性は、けして男性の陰にいる存在ではない。そのような強い想いが、多数の小説やエッセイ集に結実したのである。

そしてその想いは、現在の女性作家に受け継がれた。このような形で〝歴史をさわがせた女たち〟は、語り継がれていくのだろう。そしていつの日にか、さわがせた女の一人に、永井路子自身が入るのかもしれない。だってその史観により、これほど日本の歴史をさわがせているのだから。

（ほそや　まさみつ／文芸評論家）

歴史《れきし》をさわがせた女《おんな》たち
日本篇《にほんへん》

朝日文庫

2022年11月30日　第1刷発行

著　者　永井《なが い》路子《みち こ》

発行者　三宮博信
発行所　朝日新聞出版
〒104-8011　東京都中央区築地5-3-2
電話　03-5541-8832(編集)
03-5540-7793(販売)

印刷製本　大日本印刷株式会社

ISBN978-4-02-265076-4

わかれ
朝日文庫時代小説アンソロジー
細谷正充・編／朝井まかて／折口真喜子／木内 昇／北原亞以子／西條奈加／志川節子・著

武士の身分を捨て、吉野桜を造った職人の悲話「染井の桜」、下手人に仕立てられた男と老猫の友情「十市と赤」など、傑作六編を収録。

吉原饗宴
朝日文庫時代小説アンソロジー
菊池仁・編／有馬美季子／志川節子／中島要／南原幹雄／松井今朝子／山田風太郎・著

売られてきた娘を遊女にする裏稼業、身請け話に迷う花魁の矜持、死人が出る前に現れる墓番の爺など、遊郭の華やかさと闇を描いた傑作六編。

傷
慶次郎縁側日記
北原 亞以子

空き巣稼業の伊太八は、自らの信条に反する仕事をさせられた揚げ句、あらぬ罪まで着せられてお尋ね者になる。《解説・北上次郎、菊池仁》

化物蠟燭《ばけものろうそく》
木内 昇

当代一の影絵師・富右治に持ち込まれた奇妙な依頼（「化物蠟燭」）。長屋連中が怯える若夫婦の正体（「隣の小平次」）など傑作七編。《解説・東雅夫》

津田梅子
大庭 みな子

日本初の女子留学生として渡米し、帰国後は日本の女子教育に身を捧げた津田梅子。津田塾大学の創始者の軌跡を辿る。《解説・髙橋裕子》

酔いどれ鳶
江戸人情短編傑作選
宇江佐 真理／菊池 仁・編

夫婦の情愛、医師の矜持、幼い姉弟の絆……。江戸時代に生きた人々を、優しい視線で描いた珠玉の六編。初の短編ベストセレクション。